FANTASTISCHE JAHRE

HAUTE COUTURE STOFFE AUS MITLÖDI

Museum des Landes Glarus

Mit Texten von Bettina Giersberg und
Fotografien von Volker Kreidler

Scheidegger & Spiess

Cover Front:
Collage: Angela Reinhard, raumprodukt, unter Verwendung der Fotografie von Volker Kreidler «Ansicht des Fahrweges zwischen Druckereigebäude, Hochkamin und Hänggiturm», 2020 und der Aufnahme von Georges Hernad, Yves Saint Laurent und Model bei der Präsentation der der Frühjahr/Sommer-Kollektion, 1969, 1968

Cover Rückseite:
Seidentwill sechsfarbig bedruckt, Dessin Nr. 11 818/6, 1967

INHALT

DIE GRÜNDUNG DER SEIDEN-DRUCKEREI MITLÖDI. EIN HUSARENSTÜCK!

Die politischen Ereignisse des Jahres 1937 nahmen die kommenden Kriegs- und Herrschaftsjahre der faschistischen Diktaturen in Europa vorweg: Die junge spanische Republik kämpfte gegen die rechten Putschisten und ihre Verbündeten, in der Sowjetunion erreichte der stalinistische Terror seinen grausamen Höhepunkt, und das nationalsozialistische Deutschland bereitet sich mit lautem Säbelrasseln und dem Angriff auf die spanische Stadt Guernica auf den Zweiten Weltkrieg vor.
In dieser Zeit erschien die Gründung eines Unternehmens in der Mitte Europas, das Luxusstoffe veredeln möchte, wie ein Husarenstück. Gründungsväter des wagemutigen Vorhabens waren drei Näfeler Unternehmer – alle miteinander verwandt. Sie entschlossen sich 1937, in einem leer stehenden Druckereigebäude im schmalen Glarner Tal, in Mitlödi, Seidenstoffe nach den Wünschen ihrer Kundschaft zu bedrucken. Sie bündelten ihren Mut und ignorierten die starke Konkurrenz aus Lyon oder Krefeld sowie die Produkte der Schweizer Seidendruckereien in Goldigen, Adliswil, Wattwil oder Suhr und Thalwil. Beheimatet in dem alten Druckereigebäude, in dem seit 1856 im Handdruckverfahren zumeist Baumwollstoffe bedruckt worden waren, nutzten die drei Unternehmer das erst seit wenigen Jahren im Grafik- und Textildruck angewandte neue Siebdruckverfahren.

Ihr Wagemut wurde belohnt: Als sogenannte Lohndruckerei bediente man mit Glarner Textildruckpräzision in den Folgejahren die Farb- und Motivwünsche der Kundinnen und Kunden. Sogar in den kargen Nachkriegsjahren konnte die Produktion weiter gesteigert werden.
Ihre Auftraggeber, sogenannte Konverter* aus Zürich, Winterthur, St. Gallen, Genf oder Krefeld wurden zu verlässlichen Kunden. Sie brachten die zu bedruckende textile Grundware und die Stoffentwürfe nach Mitlödi, liessen sie dort bedrucken und verkauften die fertigen Stoffe anschliessend weiter.
Das feine Gespür der Druckerinnen und Drucker für die Umsetzung dieser künstlerischen Arbeiten auf unterschiedlichen Stoffen und ihr Auge für den Rapport* waren die Erfolgsgrundlage der nun folgenden «fantastischen Jahre».[1]
Bis zur Jahrtausendwende wurden Luxusstoffe für internationale Haute-Couture-Häuser wie Yves Saint Laurent, Chanel, Emanuel Ungaro und Hubert de Givenchy in Mitlödi gedruckt. Ab Mitte der 1960er Jahre entstanden zusätzlich zu den Haute-Couture-Kollektionen zweimal im Jahr Prêt-à-porter-Kollektionen. Auch für dieses Segment wurden in Mitlödi Stoffe bedruckt.
Jedoch blieb die Herkunft dieser edlen Stoffe in den Kollektionen der Pariser Modehäuser das Geheimnis der Konverter.[2]
Wurde ein in Mitlödi bedruckter Stoff auf den Pariser Laufstegen als glamouröses Kleidungsstück gefeiert, so erfuhr die Welt nichts von der grossen Freude der Druckerinnen und Drucker über diesen Erfolg.[3]

Seit dem 18. Jahrhundert haben Glarner Druckereiunternehmer den ständigen Modewechsel zwischen einfarbigen und vielfarbig bedruckten Stoffen beobachtet und waren immer wieder gezwungen, ihre Produktionsplanungen an diese Änderungen anzupassen. Jene Druckreibesitzer, die ihre Produktion zu diversifizieren wussten, erlitten weniger Verluste. Diese in drei Jahrhunderten gesammelten Erfahrungen bewogen auch die Inhaber der Seidendruckerei in Mitlödi dazu, ihren Druckbetrieb in der zweiten Hälfte des 20. Jahrhunderts zusätzlich durch eine Siebdruckerei und eine Fertigung von Entwässerungsrinnen abzustützen.
Auch die Druckproduktion wurde auf neue Grundgewebe wie Baumwolle, Wolle und synthetische Mischgewebe ausgedehnt. So wurden schon in den ersten Produktionsjahren nicht nur Luxusstoffe, sondern auch Fahnen, Küchentücher und Kindertaschentücher bedruckt. Ab den 1970er Jahren gehörten auch Bettwäsche und Dekorationsstoffe zum Druckprogramm.[4]
So gelang es in den Modejahren, in denen fast ausschliesslich unifarbene Stoffe getragen wurden, Arbeitsplätze zu erhalten. 1992 konnte die Druckerei 130 Mitarbeiterinnen und Mitarbeiter im Schichtbetrieb beschäftigen und 1,7 Millionen Laufmeter Stoff bedrucken.[5]
Diese Jahre waren umsatzstarke Jahre. Die nachfolgenden Jahrzehnte waren jedoch vom Rückgang der Druckproduktion geprägt. Dennoch haben das hohe fachliche Niveau der Druckerinnen und Drucker und das Engagement der Betriebsführung nach dem Konkurs der Fabrik im Frühjahr 2020 schliesslich zum Überleben dieser letzten Glarner Textildruckerei beigetragen.[6]

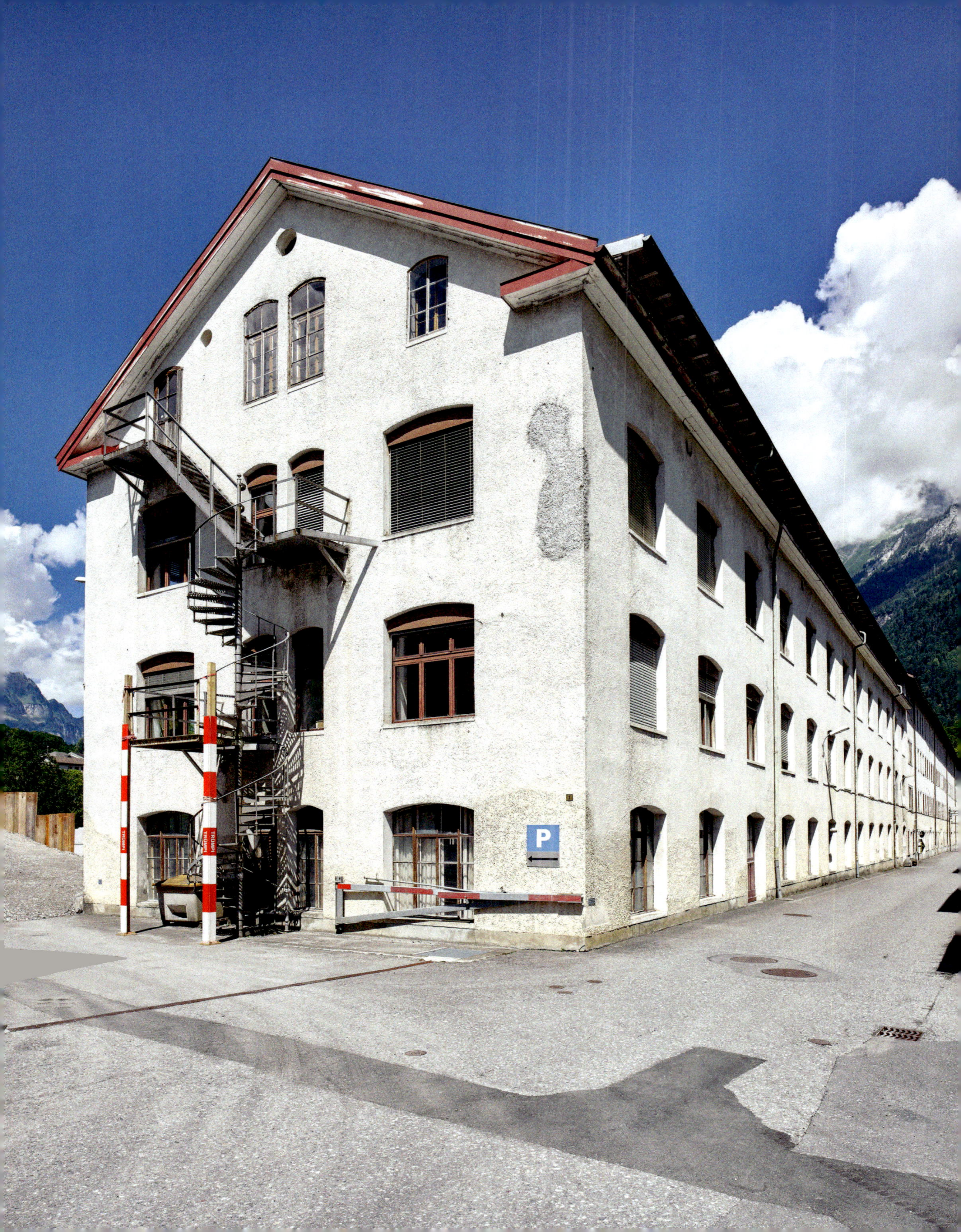
P

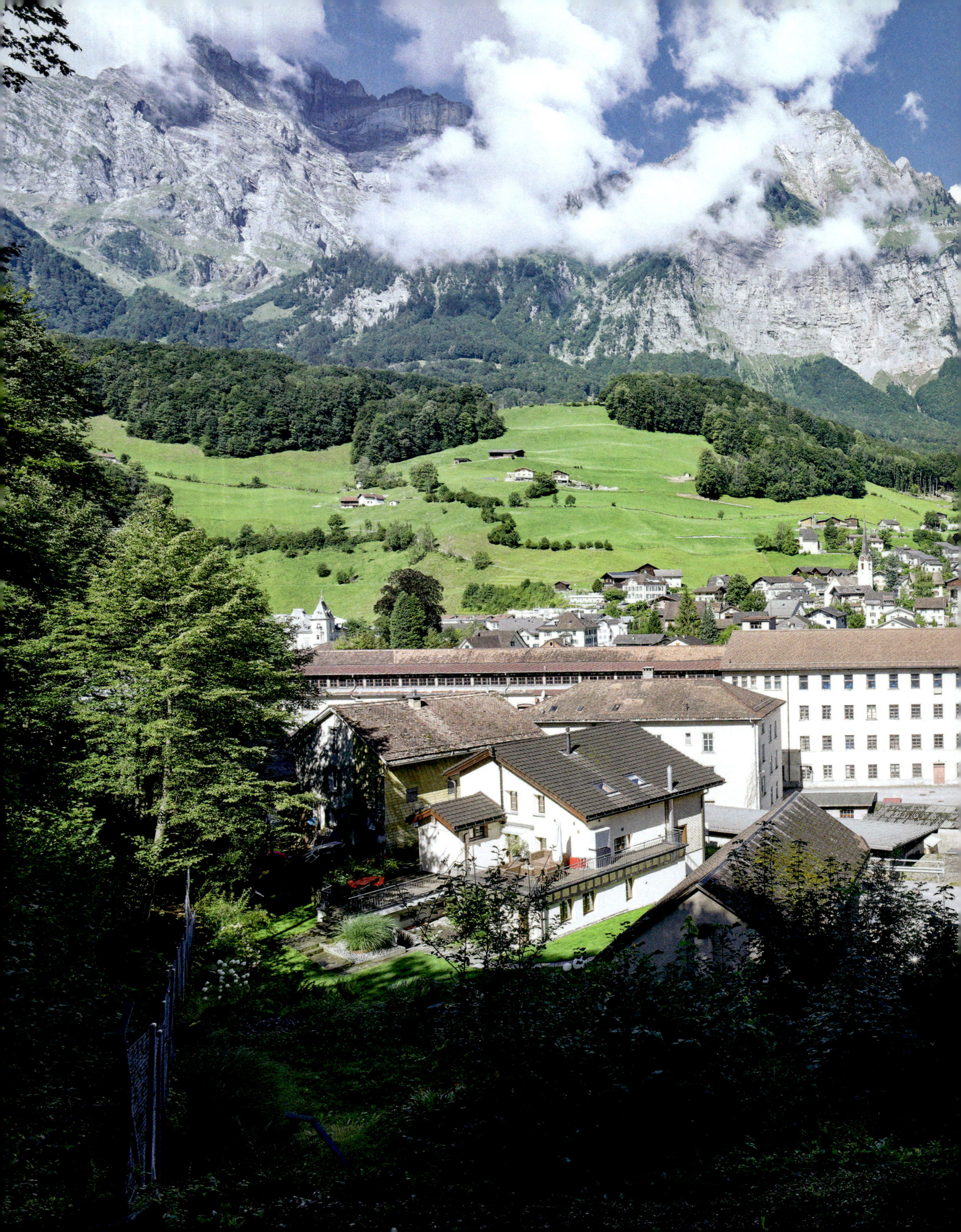

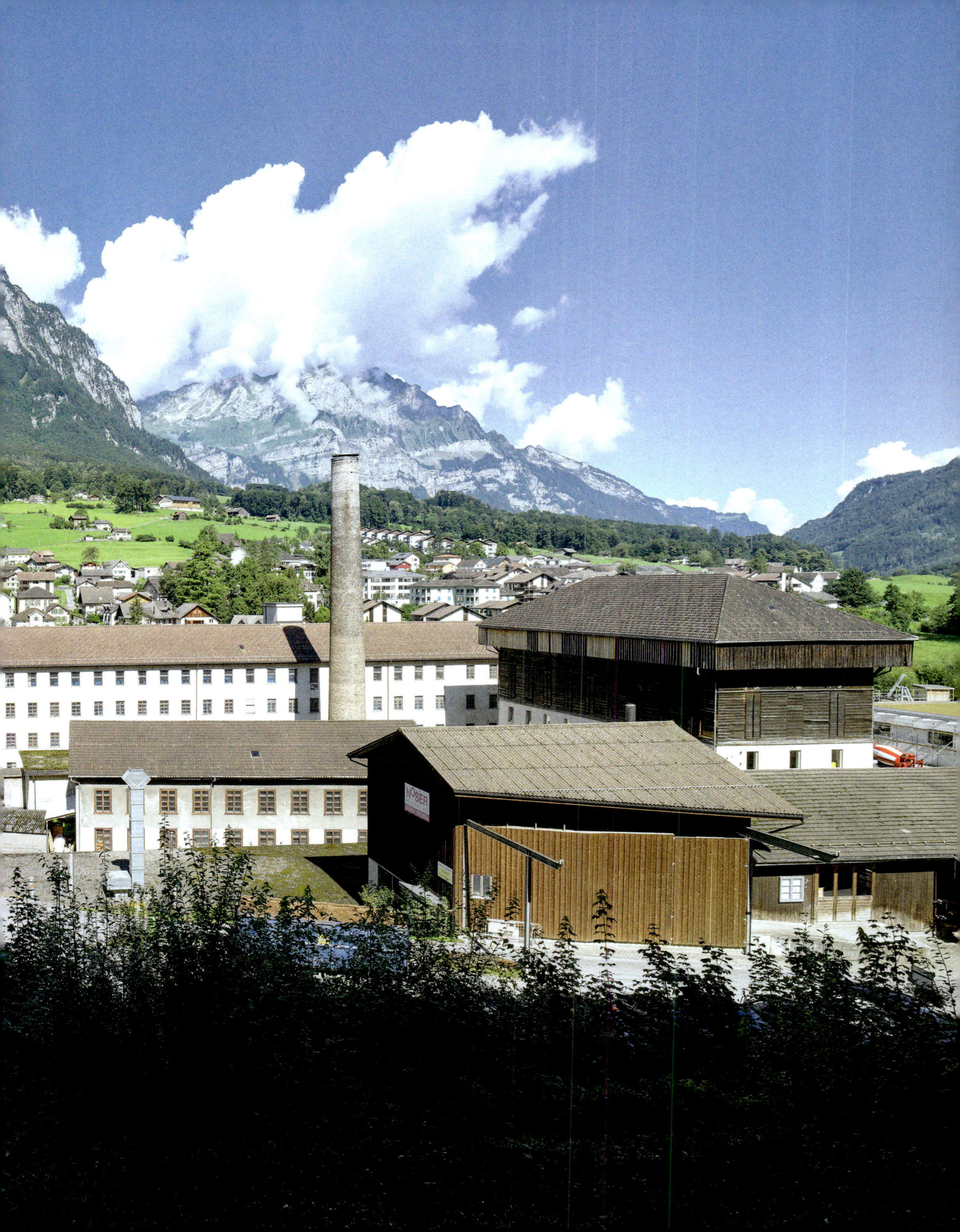
NOSER

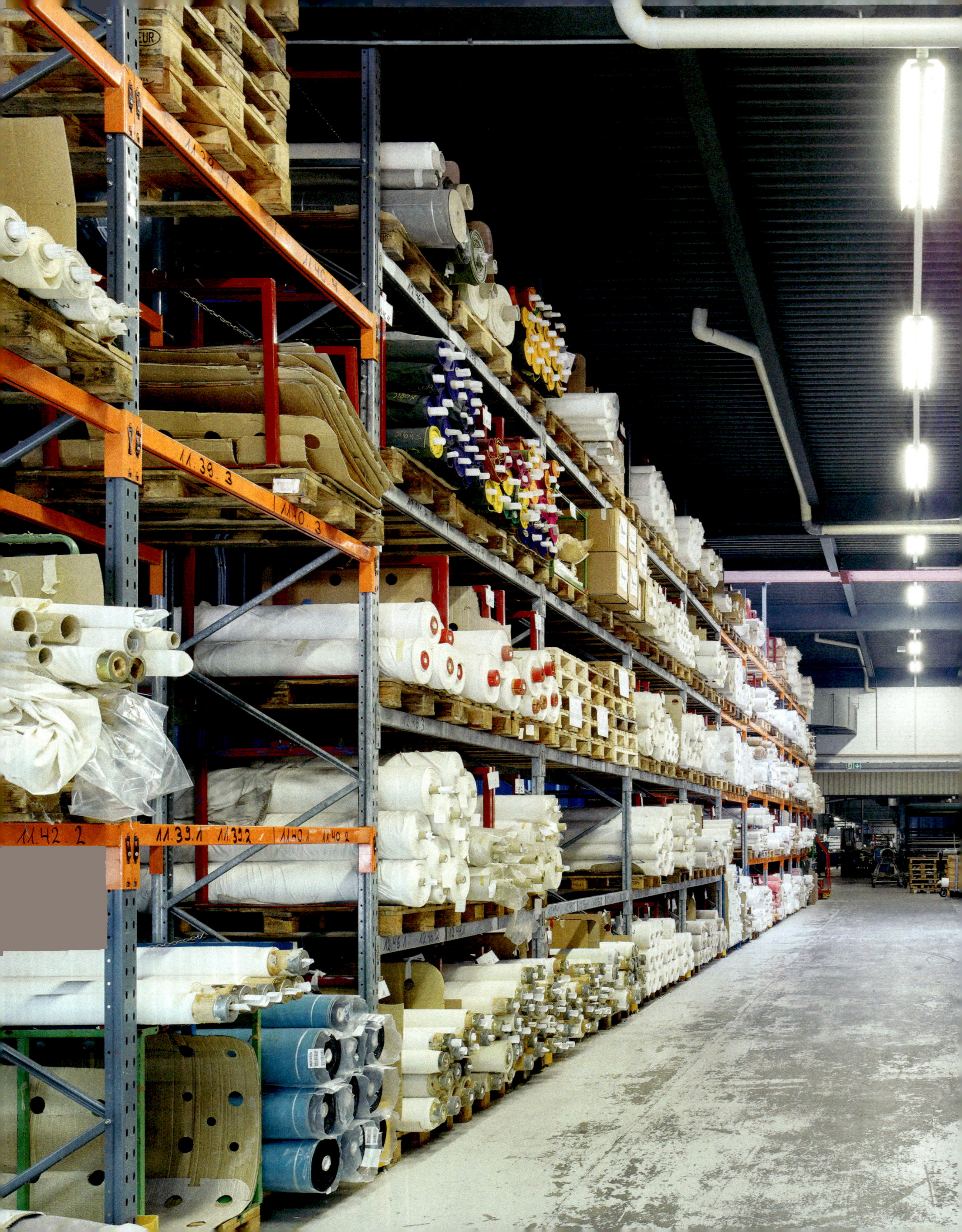
11.39.3
11.42.2
11.39.1
11.39.2
11.40.1
11.40.2

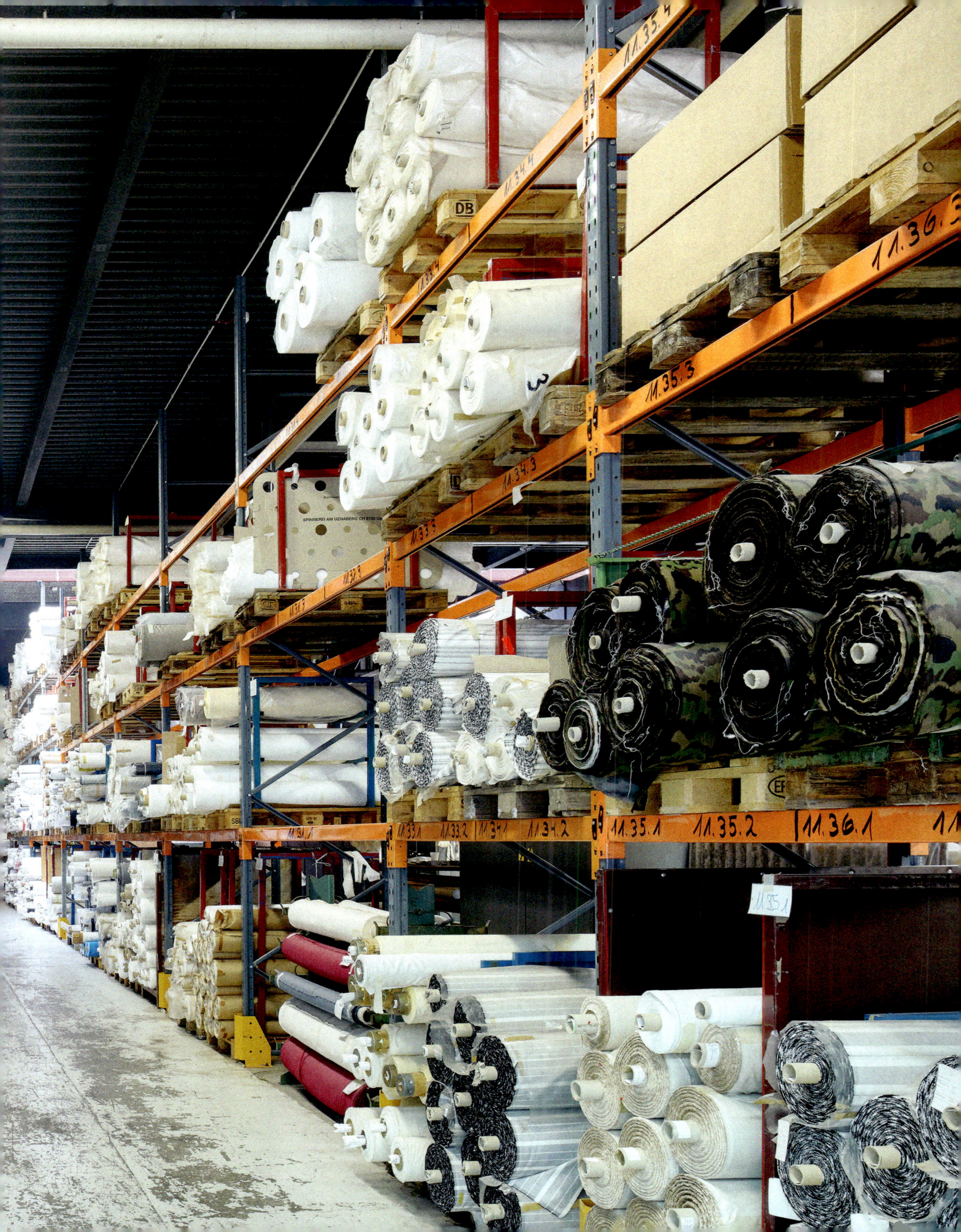
11.35.1
11.35.2
11.36.1
11.35.3
DB

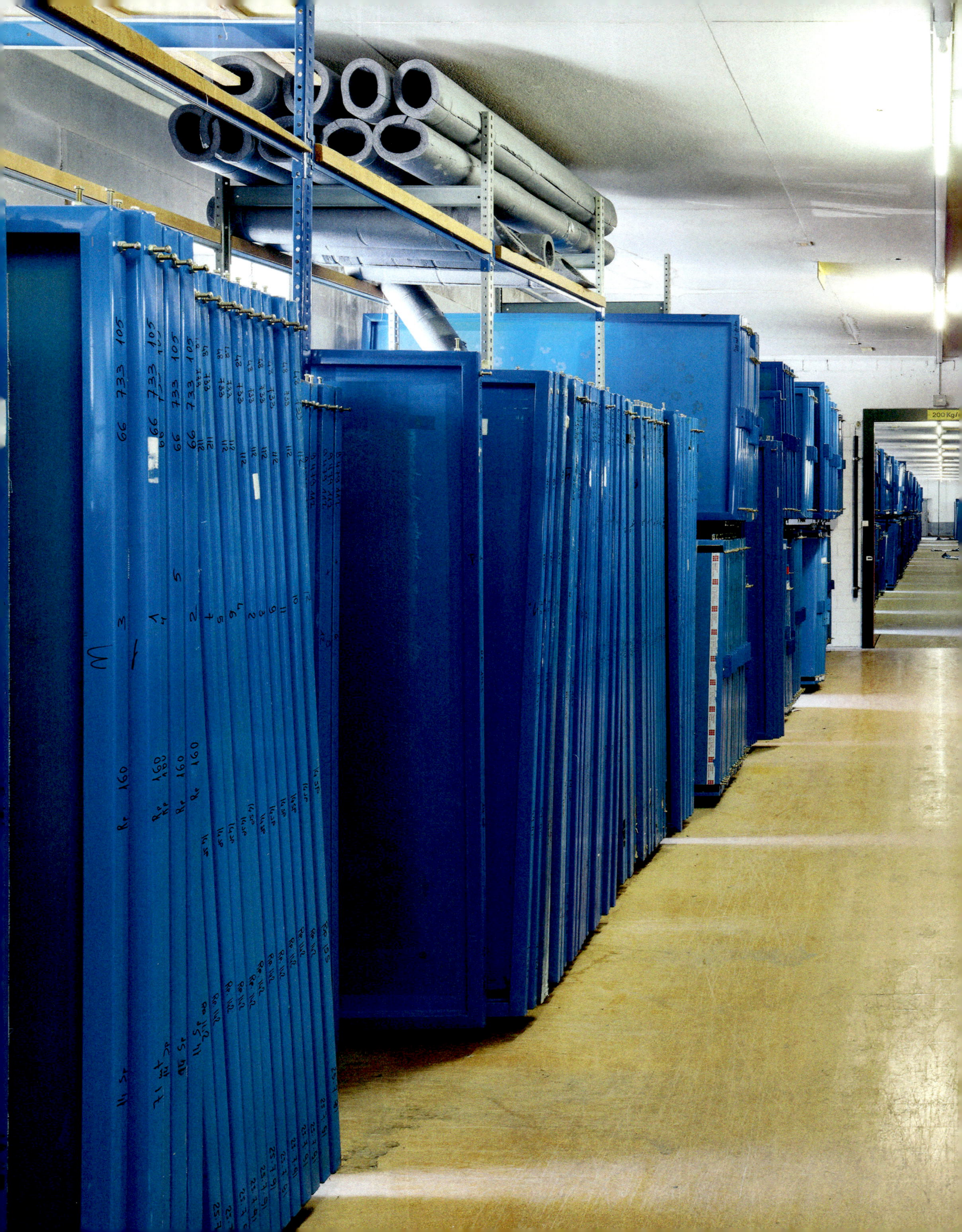

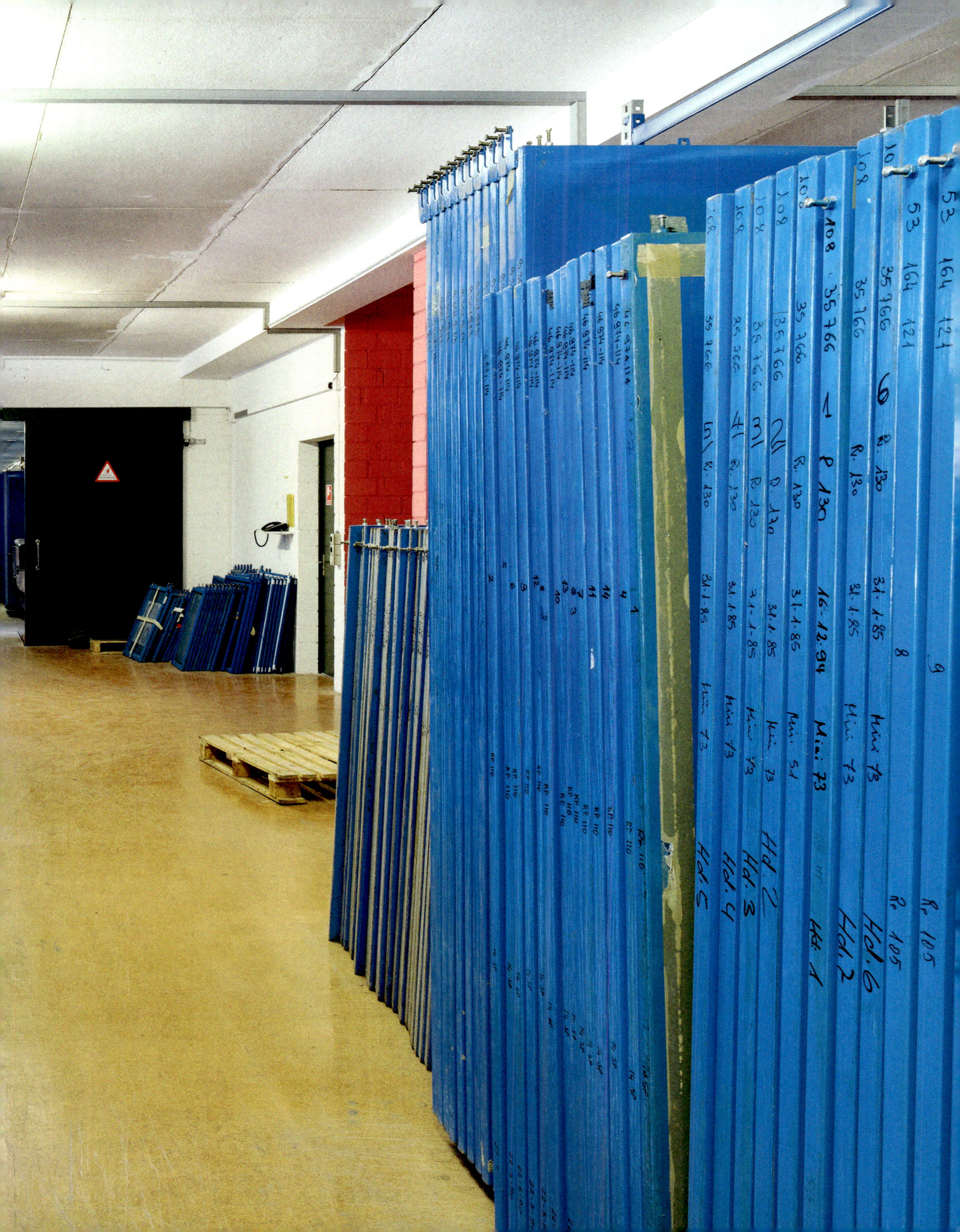

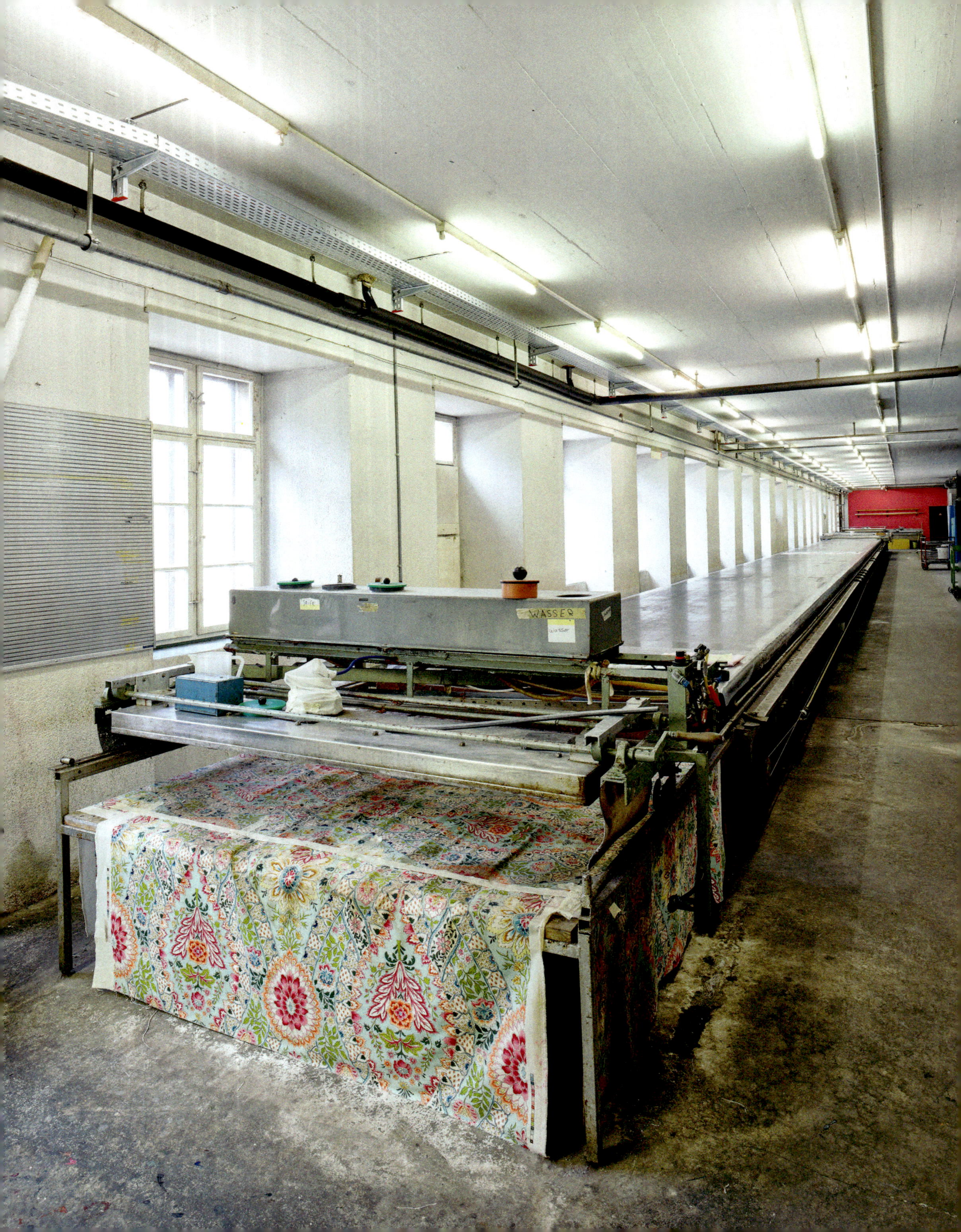
WASSER

TEXTILDRUCK IM GLARNER TAL. DIE ANFÄNGE DER INDUSTRIELLEN SCHWEIZ

Die Industrialisierung in der Schweiz war eng mit der aufblühenden Textilindustrie verknüpft. Mit der Errichtung der Spinnereien, Webereien und Druckereien im Glarner Tal setzte eine wirtschaftliche Revolution ein, die die Schweizer Wirtschaftsgeschichte prägte. Die in diesen Fabriken bedruckten Stoffe imitierten die Farbigkeit und Motivik gewobener, bestickter oder bemalter Stoffe aller Kontinente. Die Kunstfertigkeit der Glarner Kopisten und Entwerferinnen, die Handwerkskunst der lokalen Druckerinnen und Drucker, das Fachwissen der Chemiker und Farbköche liessen Textilien entstehen, die auf den Märkten weltweit gekauft wurden. Kaufmännisches Geschick und Mut zeichneten die Glarner Textildruckunternehmer aus. Die dynastisch geprägten Familienstrukturen garantierten zuverlässiges Management. Man reiste in den Orient, nach Asien und Afrika, um modische Stoffe auszuwählen, die dann in Glarner Textildruckereien kopiert und variiert wurden. Das Wissen der Indienne-Fabrikanten zwischen Genf, Delsberg und Basel und der Fachkollegen aus dem elsässischen Mülhausen wurde genutzt und weiterentwickelt. Dorthin schickte man die Söhne in die Lehre und von dort warb man Fachleute ab.
Eine unüberschaubare Vielfalt an Mustern und Farben entstand: Leuchtendrote orientalische Tücher, geometrische Ornamente aus Java, walachische Rosenbouquets sowie Palmenblattmotive aus Kaschmir wurden mit grosser Selbstverständlichkeit im Glarner Tal gedruckt.

Das Glarner Dorf Mitlödi zählte Mitte des 19. Jahrhunderts etwa 650 Einwohnerinnen und Einwohner. Zu diesem Zeitpunkt war das Dorfbild jedoch schon nicht mehr nur durch Bauernhöfe geprägt. Die Schiefertischexporteure und Baumwollhändler liessen sich moderne Wohnbauten errichten, die den Charakter des Ortes nachhaltig veränderten.

Unbekannter Künstler, Ansicht des Dorfes Mitlödi, um 1850

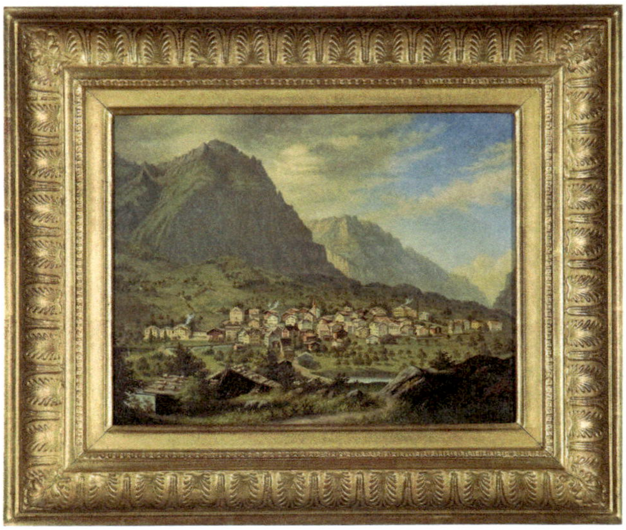

Der vierstöckige Fabrikbau der Textildruckerei dominierte die Landschaft in Mitlödi-Ennetlinth. Am Hang oberhalb der Fabrik steht, weithin sichtbar, die Villa Waldegg, das Privathaus des ehemaligen Teilhabers der Textildruckerei, Dr. Henry Schaeppi und seiner Familie. Dieses 1893 errichtete Wohnhaus verdeutlicht den wirtschaftlichen Erfolg der Druckerei und die gesellschaftliche Stellung des Mitinhabers.

Unbekannt, Ansicht der Textildruckerei in Mitlödi-Ennetlinth und der Villa Waldegg, 1895

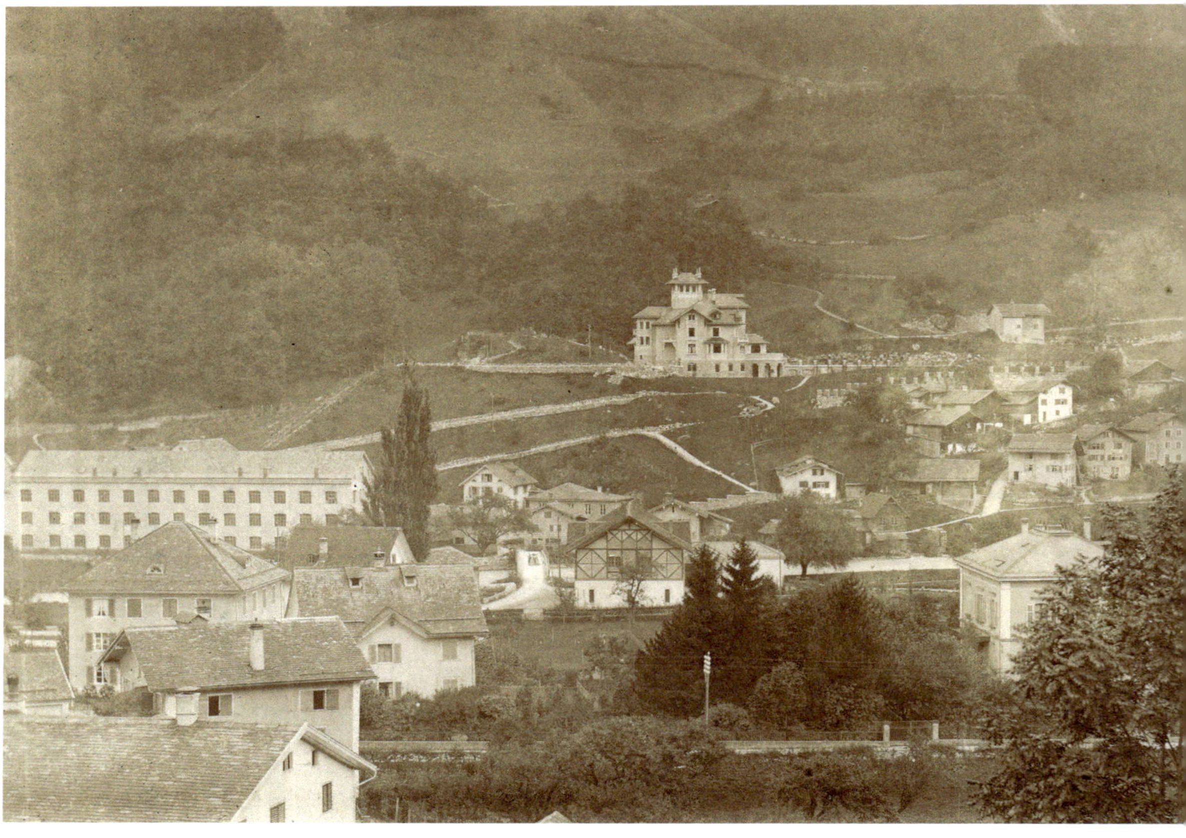

Stoffmuster für ein Wolltuch der Druckerei Trümpy, Schaeppi & Cie., Mitlödi, um 1900

ORIENTALISCHE SCHLEIERTÜCHER AUS MITLÖDI

Zu Beginn der 1850er Jahre druckten viele Glarner Textildruckereien zarte Baumwolltücher, die sich als Schleier- und Turbantücher in den Mittelmeerländern und im Osmanischen Reich ausgezeichnet verkaufen liessen. Auch die Ennendaer Druckereibesitzer der Firma Bartholome Jenny & Cie. planten ihre Schleiertuchfabrikation zu erweitern, um diesen Aufschwung zu nutzen. Man fand ein geeignetes Fabrikgelände im Nachbardorf Mitlödi. Hier gab es jenseits des Dorfes, am anderen Ufer der Linth, in Ennetlinth, ein freies Grundstück und die Möglichkeit, das für die Druckproduktion so wichtige Wasserrecht zu erwerben.

Dank der klugen Unternehmensführung, der Expertise der Druckerinnen und Drucker und der eigenen Handelsvertretungen in Smyrna und Konstantinopel konnte Trümpy & Jenny zehn Jahre nach der Unternehmensgründung 390 Arbeiterinnen und Arbeiter an 280 Drucktischen mit dem Druck vielfarbiger Baumwollstoffe für den Orient und für Europa beschäftigen.

Diese Blütezeit dauerte jedoch nur wenige Jahre an. Die Balkankriege, der Zerfall des Osmanischen Reiches und der Erste Weltkrieg sowie die nachfolgenden Rezessionsjahre liessen in vielen Glarner Textildruckereien die Aufträge stark zurückgehen. Die Druckerei in Mitlödi musste Ende 1935 schliesslich ihre Produktion einstellen.[7]

KEINE IMITATIONEN MEHR: DER NEUBEGINN 1937

Trotz zahlreicher Fabrikschliessungen im Glarner Tal in den Jahren nach dem Ersten Weltkrieg blieb das Fachwissen der Glarner Textilfachleute im Kanton erhalten. Vielleicht war dies das Fundament, auf dem Caspar Hauser-Gyr (1893–1964) aus Näfels, sein Bruder Eugen Hauser-Landolt (1900–1972) und ihr Schwager Jakob Fischli-Hauser (1906–1958) im Sommer 1937 ihre mutige Idee, eine Seidendruckerei in einem Teil der verlassenen Druckereigebäude in Mitlödi-Ennetlinth zu eröffnen, abstützten.

Zwar wurde ein altes Druckereigebäude weiter genutzt, jedoch änderten sich die Produktionsprinzipien wesentlich in diesem neuen Unternehmen: Zum einen imitierte man nicht mehr bestickte oder gewobene Stoffe, sondern arbeitete als sogenannte Lohndruckerei, die nun direkt von den Auftraggebern mit Geweben und Druckdessins beliefert wurde. Zum anderen bedruckte man alle Stoffe mit dem erst wenige Jahre im Textildruck erprobten Siebdruckverfahren. Diese Neuerungen waren ausschlaggebend für den grossen Erfolg der kommenden Jahre.

Während des Zweiten Weltkrieges wurden Gebäudeteile der Seidendruckerei von der Schweizer Armee als Tierklinik und Munitionsdepot genutzt. Doch selbst diese textildruckferne Nutzung konnte die eingefahrenen Druckvorgänge kaum stören: Die Anzahl der Aufträge und Druckmeter konnte in diesen Kriegsjahren erhöht werden.

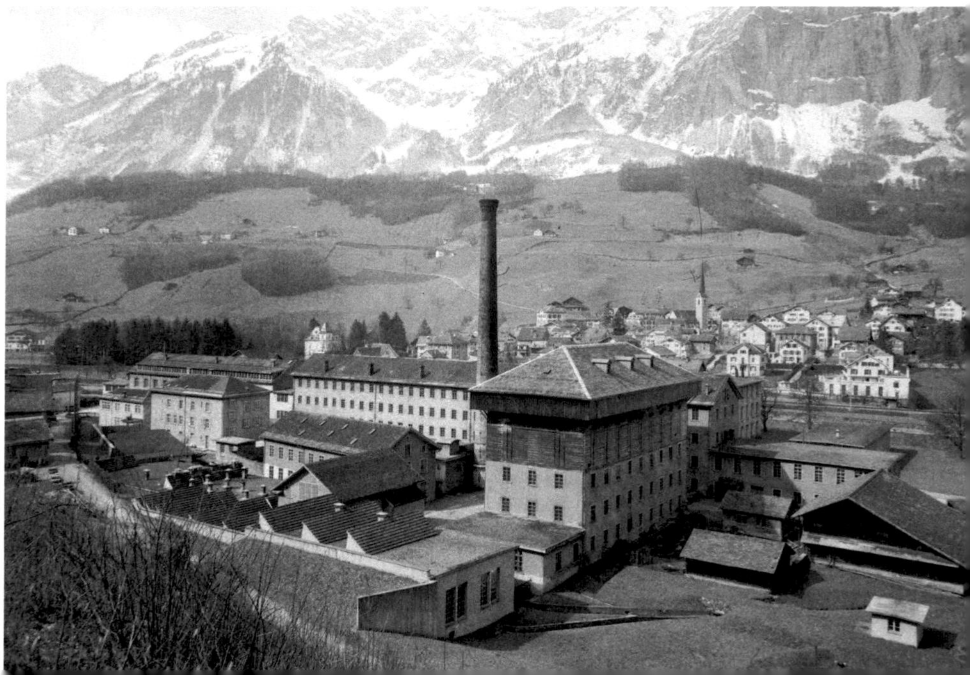

Atelier Schönwetter, Ansicht der Seidendruckerei Mitlödi AG, um 1940

Durch die Übernahme der erst wenige Jahre in Europa für den Stoffdruck erprobten Technologie des Siebdrucks ersetzten die Gründungsväter der Seidendruckerei in ihrer Fabrik die bis dahin im Glarner Textildruck praktizierten Drucktechniken: das Handdruckverfahren mit Holzmodellen und den Rouleau- oder Plattendruck.

Atelier Schönwetter, Drucksaal in der Seidendruckerei Mitlödi AG, um 1940

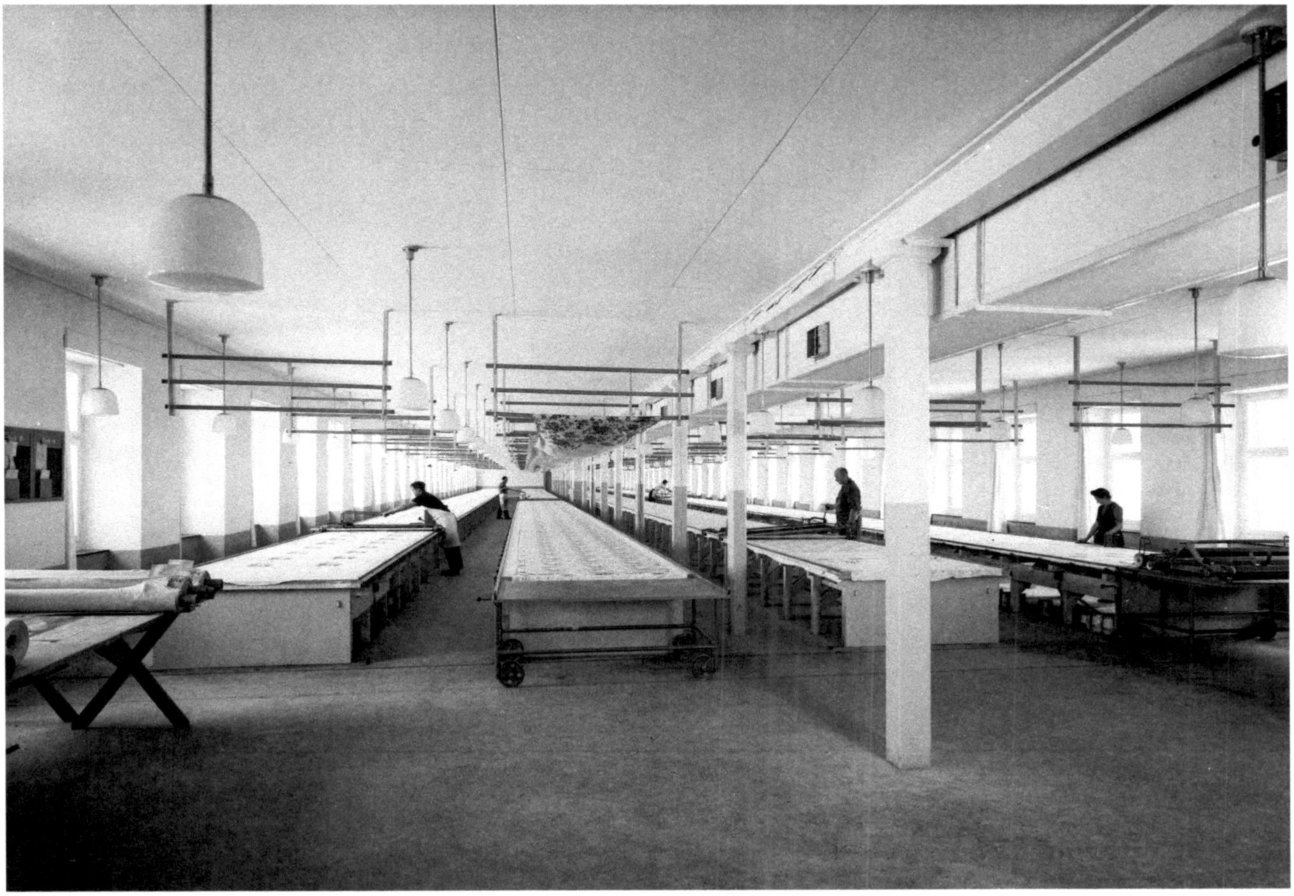

Der Arbeitsbeginn erfolgte zunächst an elf Drucktischen. In den folgenden Monaten konnte sich das Unternehmen etablieren, und während des Zweiten Weltkrieges gelang es, durch die Übernahme von Druckaufträgen deutscher Druckereien die Produktion sogar zu steigern. Zehn Jahre nach der Neugründung, 1947, waren mehr als 120 Arbeiterinnen und Arbeiter in der Druckerei beschäftigt.

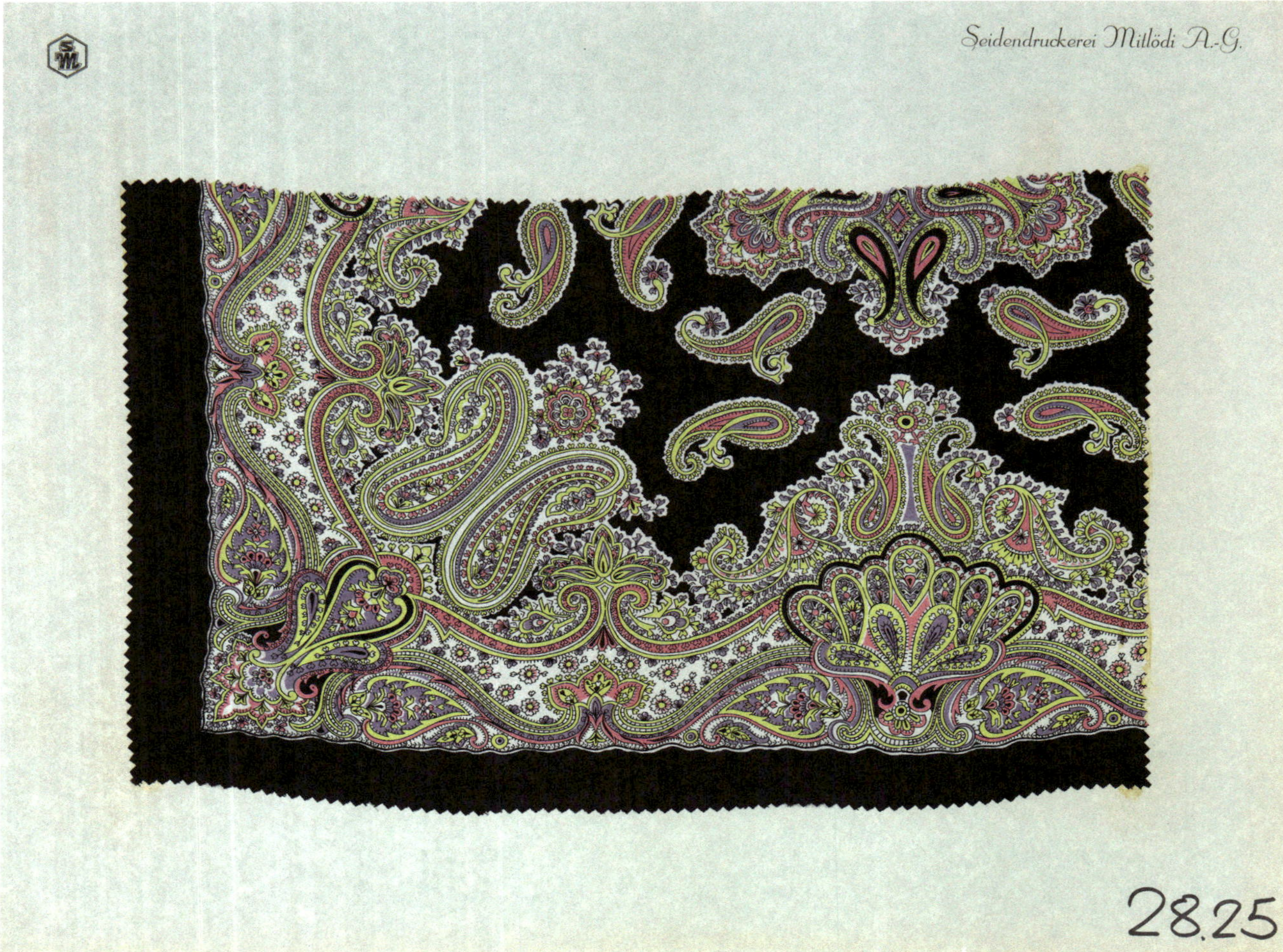

Ein neues Erscheinungsbild mit einem markanten modischen Signet zeigte auch den Kundinnen und Kunden, dass man in Mitlödi am Puls der Zeit arbeitete. Diese grossformatigen Musterblätter dienten der Seidendruckerei dazu, die Qualität der Drucke Neukunden zu präsentieren. Das gewählte Grossformat gab der Kundschaft die Möglichkeit, die Druckqualität im Detail zu prüfen.

Musterblätter der Seidendruckerei Mitlödi AG, um 1940

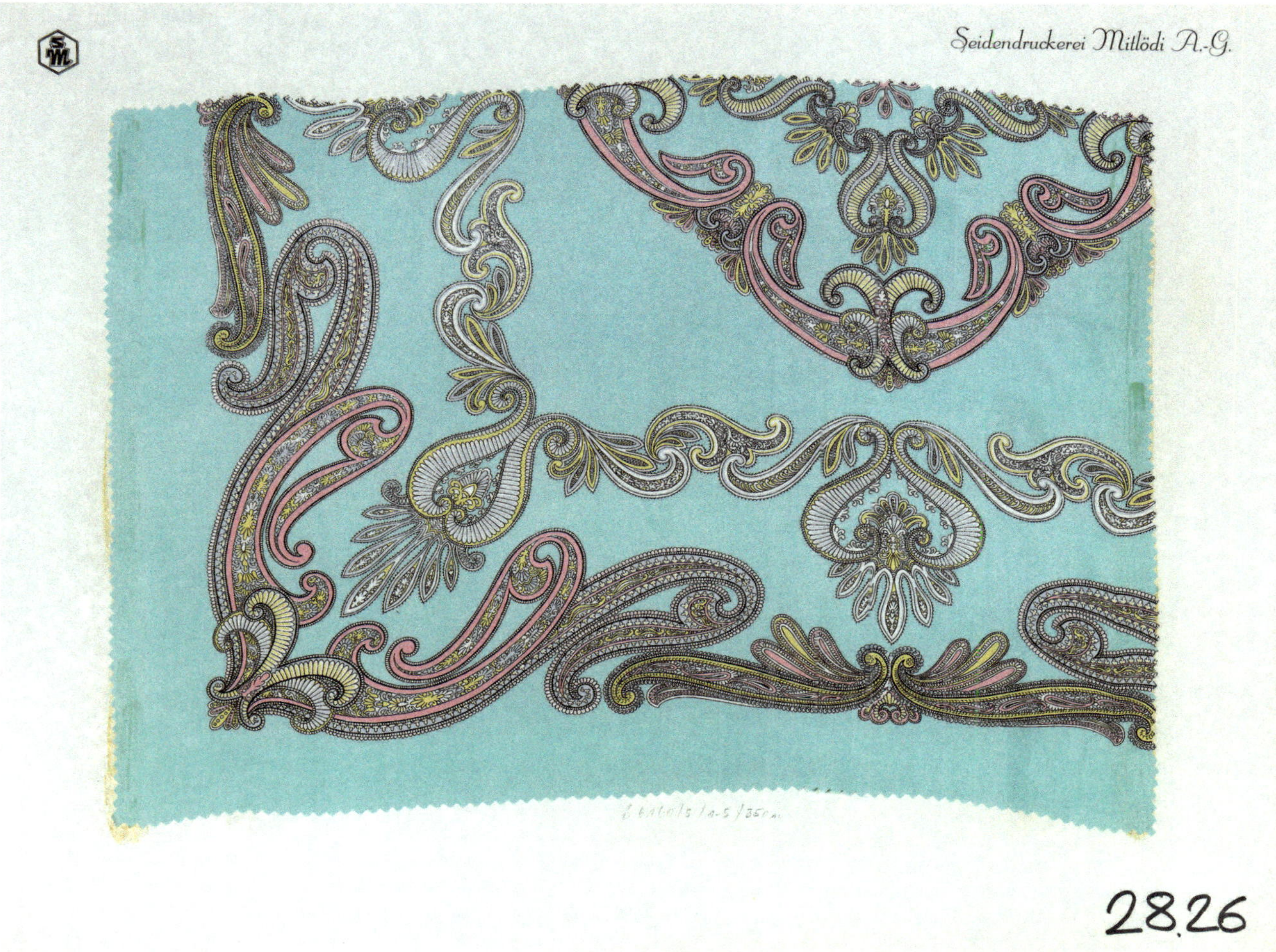
Seidendruckerei Mitlödi A.-G.
28.26

LUXUSSTOFFE FÜR DAS NACHKRIEGSEUROPA

Das Firmenkonzept der Lohndruckerei und der Einsatz des neuen Siebdruckverfahrens erwiesen sich als stabile Grundlage für den Firmenerfolg der Jahre nach dem Zweiten Weltkrieg. Stoffdrucke aus Mitlödi wurden ein unverzichtbarer Bestandteil des Sortiments vieler Schweizer Textilkonverter: der Zürcher TACO AG, Ludwig Abraham und Bloch Sohn & Co., von Tschudin & Cie. aus Basel und der Mettler & Co. AG aus St. Gallen. Auch die westdeutschen Textilproduzenten in Bad Säckingen, Stuttgart und Krefeld nutzten die intakte Schweizer Textilindustrielandschaft im Nachkriegseuropa und beauftragten die Druckerinnen und Drucker in Mitlödi mit dem Bedrucken von Seidenstoffen.

Mit jedem neuen Auftraggeber musste man sich in der Seidendruckerei in eine neue Stoffphilosophie, in ein neues Farbspektrum und in neue Dessinansichten eindenken. Ein Spagat, der seit 1937 mit Erfolg gelang. Der Ertrag dieser Bemühungen war ein fester Kundenstamm, der über viele Jahre modische Damenoberbekleidungsstoffe und Foulards in Mitlödi bedrucken liess.

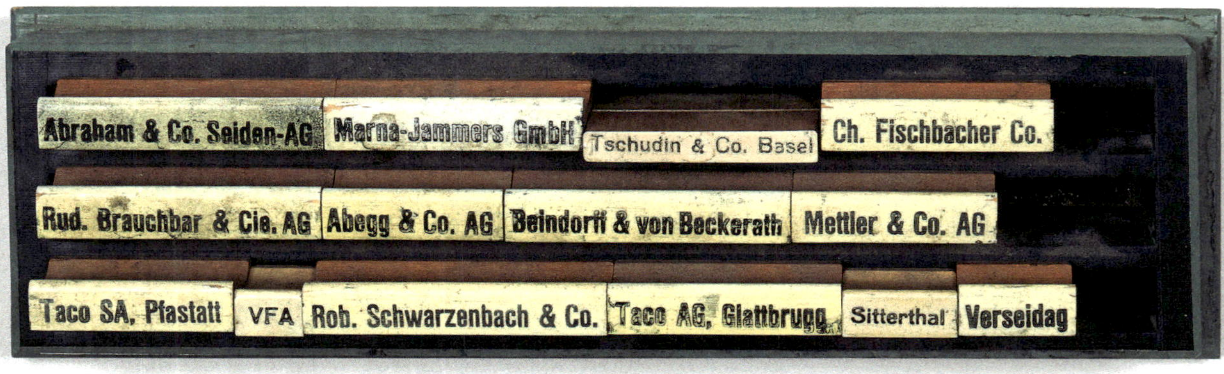

Der bedeutendste Kunde

Bereits seit den 1950er Jahren war die Textildruckerei Mitlödi eine wichtige Produktionsstätte des Zürcher Seidenkonverters, der Abraham AG. Der Inhaber, Gustav Zumsteg (1915–2005), belieferte mit den von ihm beauftragten Stoffen die grossen französischen Couturiers wie Dior, Yves Saint Laurent und Hubert de Givenchy. Die Abraham AG liess ihre Stoffe jedoch nicht nur in Mitlödi, sondern auch im Kanton St. Gallen, in Italien und in Frankreich drucken. So war eine Konkurrenzsituation gegeben. Offenbar hatte jedoch jede Druckerei ein Drucksegment, auf das sie sich am besten verstand. «In Mitlödi konnte man zu dieser Zeit grosse Flächen drucken. Das war in Como und Lyon weniger gut möglich»,[8] beschreibt der Textildesigner Erich Biehle (*1940) die Umsetzung seiner Entwürfe in den 1960er Jahren in Mitlödi.

Diese langjährige Zusammenarbeit der Seidendruckerei mit dem Konverter Abraham fand ihr Ende mit dem Konkurs der Abraham AG im Jahr 2007.

Immer griffbereit stand dieser Stempelkasten auf einem Schreibtisch der Druckereiverwaltung in Mitlödi. Er enthält die Stempel der Kunden und Zulieferbetriebe, die man für eine exakte Bewirtschaftung der Auftragsbücher benötigte. Das waren die Zürcher Firmen Abraham & Co. Seiden-AG, Rudolf Brauchbar & Cie., Abegg & Co., S.J. Bloch Sohn & Co. AG. Im nahen Thalwil arbeitete man mit der Seidenweberei Robert Schwarzenbach & Co. AG und der Textilveredelungs AG zusammen. Auch die St. Galler Firmen Mettler & Co. AG und Christian Fischbacher gehörten zum Kundenstamm. Die Appenzeller Weberei Albin Breitenmoser, die Thurgauer Bleicherei Raduber & Co. AG am Bodensee waren ebenso Kontakte wie die Zulieferer und Kunden der Krefelder Verseidag, die Krefelder Seidenwebereien Beindorff & von Beckerath und Marna-Jammers und die Seidenbandweberei Seiba im grenznahen Bad Säckingen.

Stempelsortiment der Seidendruckerei Mitlödi AG, um 1940

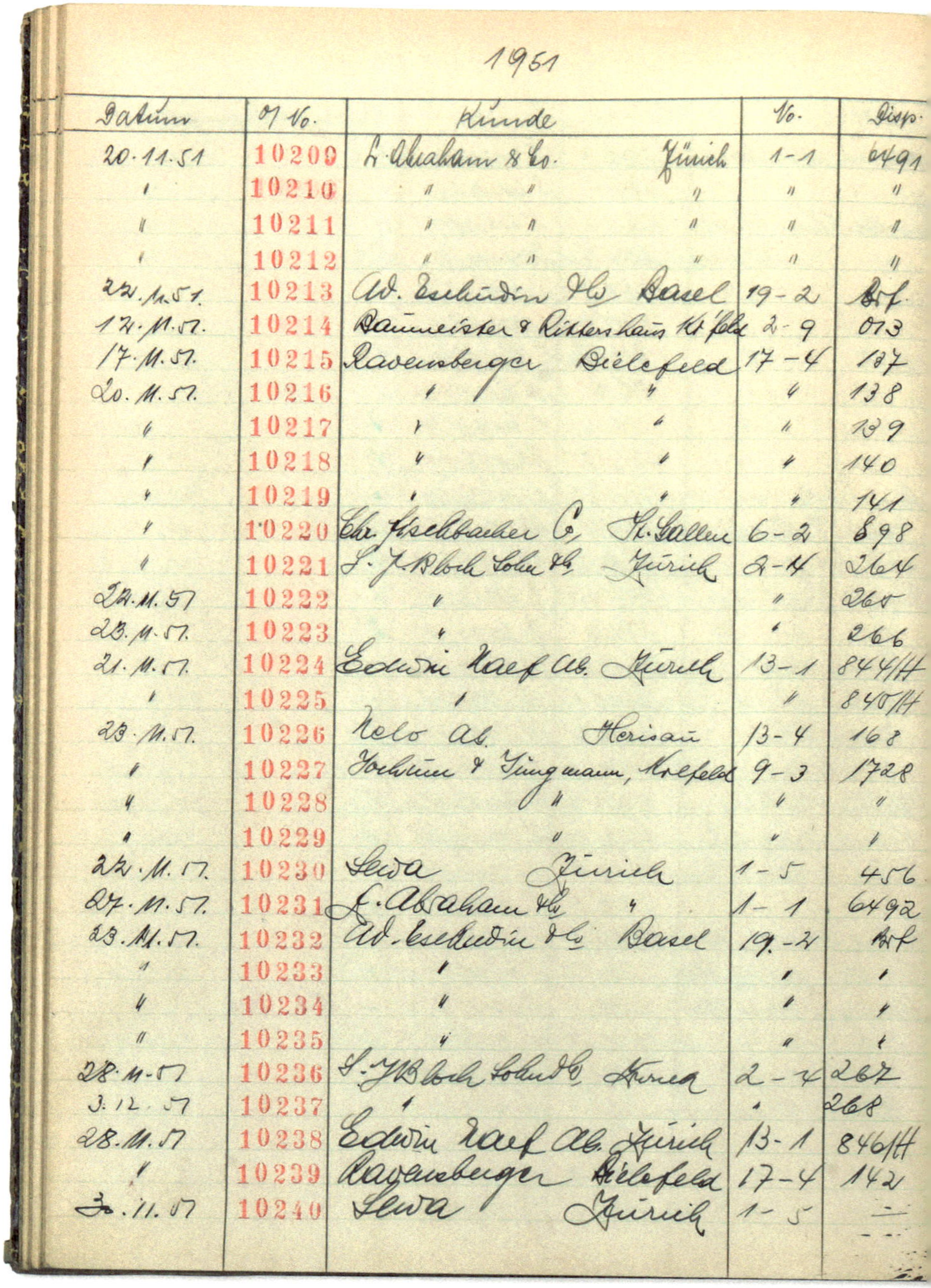

1951

Datum	O/ No.	Kunde	No.	Disp.
20.11.51	10209	L. Abraham & Co. Zürich	1-1	6491
"	10210	" " "	"	"
"	10211	" " "	"	"
"	10212	" " "	"	"
22.11.51.	10213	Ad. Eschudin & Co Basel	19-2	Bsf.
14.11.51.	10214	Baumeister & Rittershaus Kr'feld	2-9	013
17.11.51.	10215	Ravensberger Bielefeld	17-4	137
20.11.51.	10216	" "	"	138
"	10217	" "	"	139
"	10218	" "	"	140
"	10219	" "	"	141
"	10220	Chr. Fischbacher Co. St. Gallen	6-2	898
"	10221	S. J. Bloch Sohn & Co. Zürich	2-4	264
22.11.51	10222	"	"	265
23.11.51.	10223	"	"	266
21.11.51.	10224	Edwin Naef AG. Zürich	13-1	844/H
"	10225	"	"	840/H
23.11.51.	10226	Nelo AG. Herisau	13-4	168
"	10227	Jochum & Jungmann, Krefeld	9-3	1728
"	10228	"	"	"
"	10229	"	"	"
22.11.51.	10230	Sewa Zürich	1-5	456
27.11.51.	10231	L. Abraham & Co. "	1-1	6492
23.11.51.	10232	Ad. Eschudin & Co Basel	19-2	Bsf
"	10233	"	"	"
"	10234	"	"	"
"	10235	"	"	"
28.11.51	10236	S. J. Bloch Sohn & Co. Zürich	2-4	267
3.12.51	10237	"	"	268
28.11.51	10238	Edwin Naef AG. Zürich	13-1	846/H
"	10239	Ravensberger Bielefeld	17-4	142
30.11.51	10240	Sewa Zürich	1-5	—

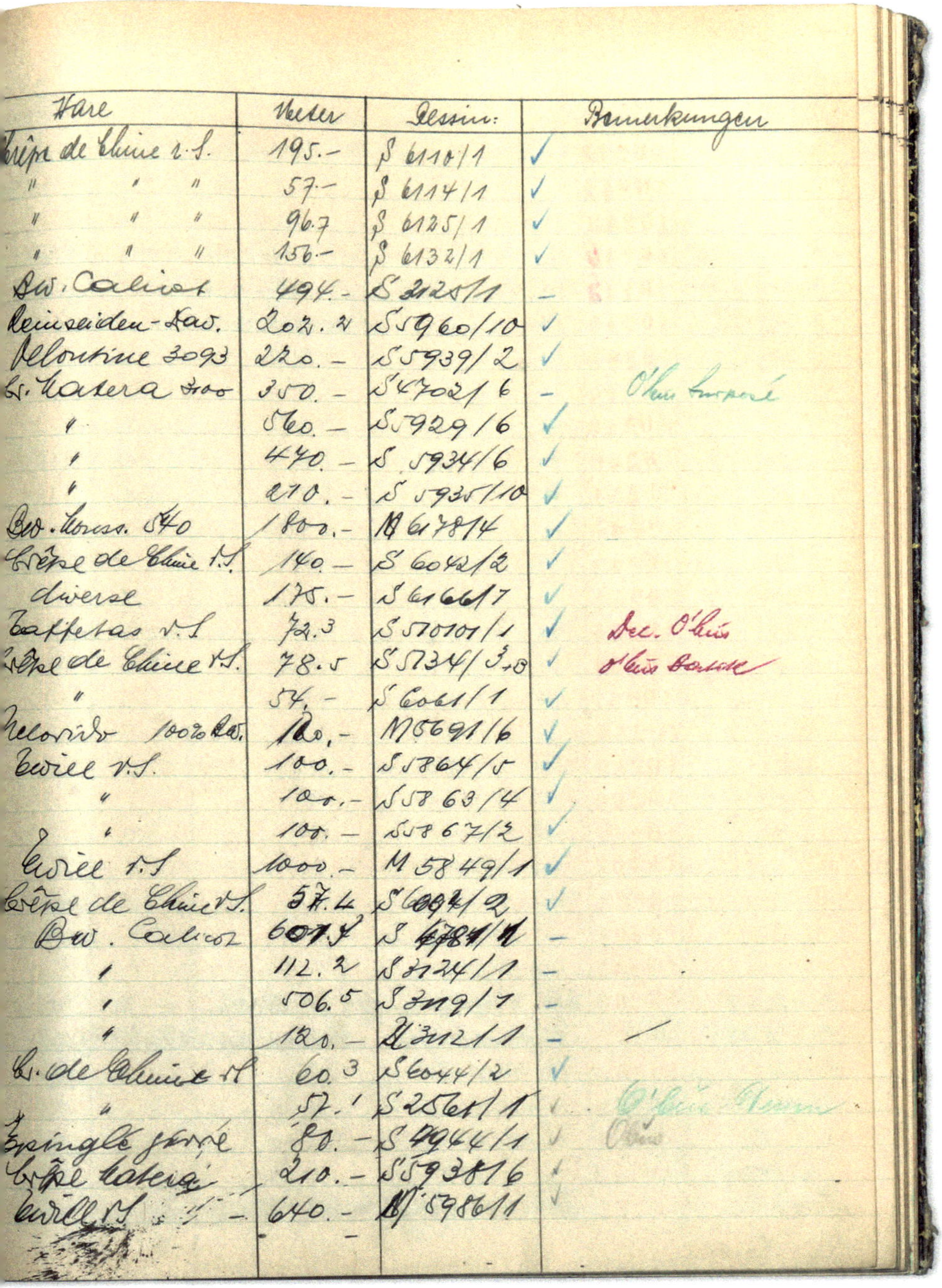

Ware	Meter	Dessin:		Bemerkungen
Crêpe de Chine r.S.	195.-	S 6110/1	✓	
" " "	57.-	S 6114/1	✓	
" " "	96.7	S 6125/1	✓	
" " "	156.-	S 6132/1	✓	
Bw. Calicot	494.-	S 2125/1	–	
Reinseiden-Law.	202.4	S 5960/10	✓	
Florentine 3093	220.-	S 5939/2	✓	
Cr. Matera 800	350.-	S 4702/6	–	[illegible]
"	560.-	S 5929/6	✓	
"	440.-	S 5934/6	✓	
"	210.-	S 5935/10	✓	
Bw. Mouss. 840	1800.-	M 6178/4	✓	
Crêpe de Chine r.S.	140.-	S 6042/2	✓	
diverse	175.-	S 6166/7	✓	
Taffetas r.S.	72.3	S 570101/1	✓	[illegible]
Crêpe de Chine r.S.	78.5	S 5734/3+8	✓	[illegible]
"	54.-	S 6061/1	✓	
Velorido 100% Law.	120.-	M 5691/6	✓	
Twill r.S.	100.-	S 5864/5	✓	
"	100.-	S 5863/4	✓	
"	100.-	S 5867/2	✓	
Twill r.S.	1000.-	M 5849/1	✓	
Crêpe de Chine r.S.	57.4	S 6034/2	✓	
Bw. Calicot	601.7	S 4781/1	–	
"	112.2	S 3124/1	–	
"	506.5	S 3119/1	–	
"	120.-	S 3121/1	–	
Cr. de Chine r.S.	60.3	S 6044/2	✓	
"	57.1	S 2561/1	✓	[illegible]
Epinglé gaufré	80.-	S 4944/1	✓	[illegible]
Crêpe Matera	210.-	S 5938/6	✓	
Twill r.S.	640.-	M 5986/1	✓	

Bestimmend für den Erfolg der Seidendruckerei in Mitlödi war auch das exakte Auftragsmanagement. In diesem Auftragsbuch, das den Titel «Ordre-Buch» trägt, wurden die einzelnen Aufträge verzeichnet. Es weist Schweizer Auftraggeber aus Basel, Obfelden, Zürich und Thalwil aus. Auch deutsche Kunden aus Bielefeld, dem Rheinischen Wermelskirchen, Weil am Rhein und Krefeld erteilten Aufträge.

Auftragsbuch «Ordre-Buch» der Seidendruckerei Mitlödi AG, 1950–1953

Gian Paolo Barbieri (Zuschreibung), Porträtaufnahme von Mirella Petteni in einem Ensemble von Jean Patou, 1963

Stoffmuster, Seidentwill, bedruckt nach einem Entwurf von Erich Biehle, Dessin Nr. 12 629/2-1, 1968, Dessin Nr. 12 422/2-1, 1967

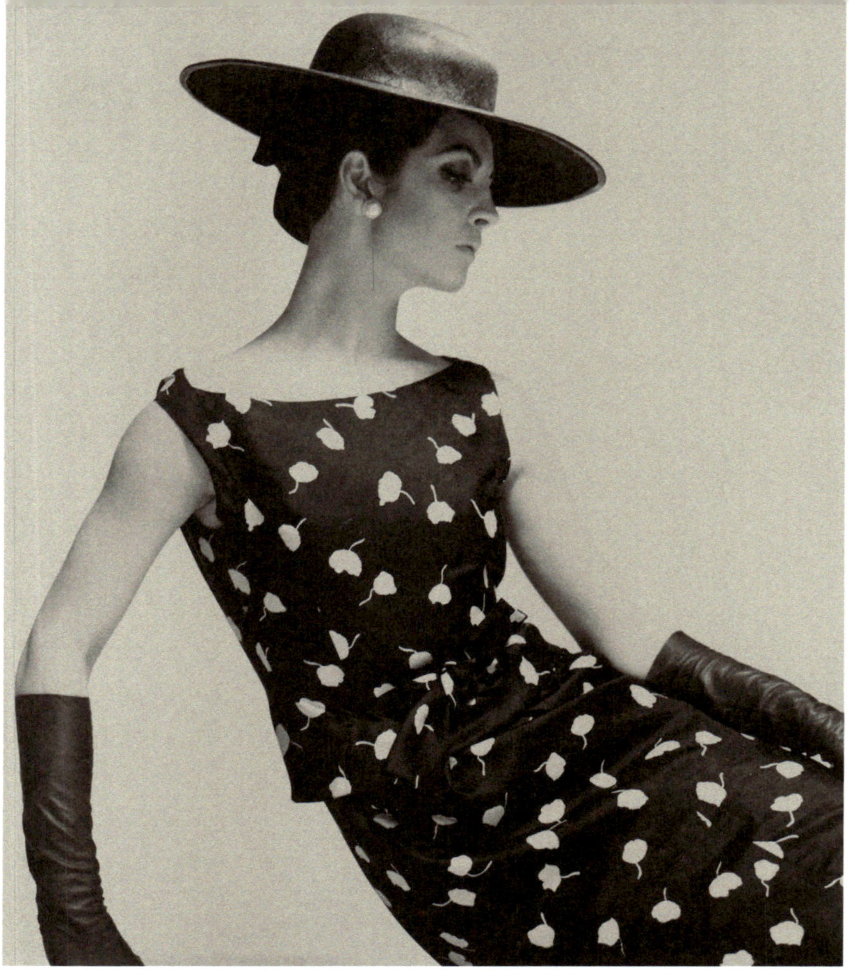

Die hohe Qualität der in Mitlödi gedruckten Stoffe beruhte nicht nur auf präzisem Druck, sondern auch auf einer sorgsam geführten internen Dokumentation. Diese Dessinkarten fassten alle Daten des Druckauftrags zusammen. Der Druck dieses Dessins wurde am 2. Mai 1962 von der Abraham AG, Zürich, beauftragt und bis 1966 produziert. Anschliessend wurden die drei Siebdruckschablonen «abgezogen», das heisst vernichtet, und dieser Vorgang auf der Karte mit sich kreuzenden roten Linien dokumentiert.

Dessinkarte für das Druckdessin Nr. S 10546, beauftragt am 2. Mai 1962 von der Abraham AG, Zürich

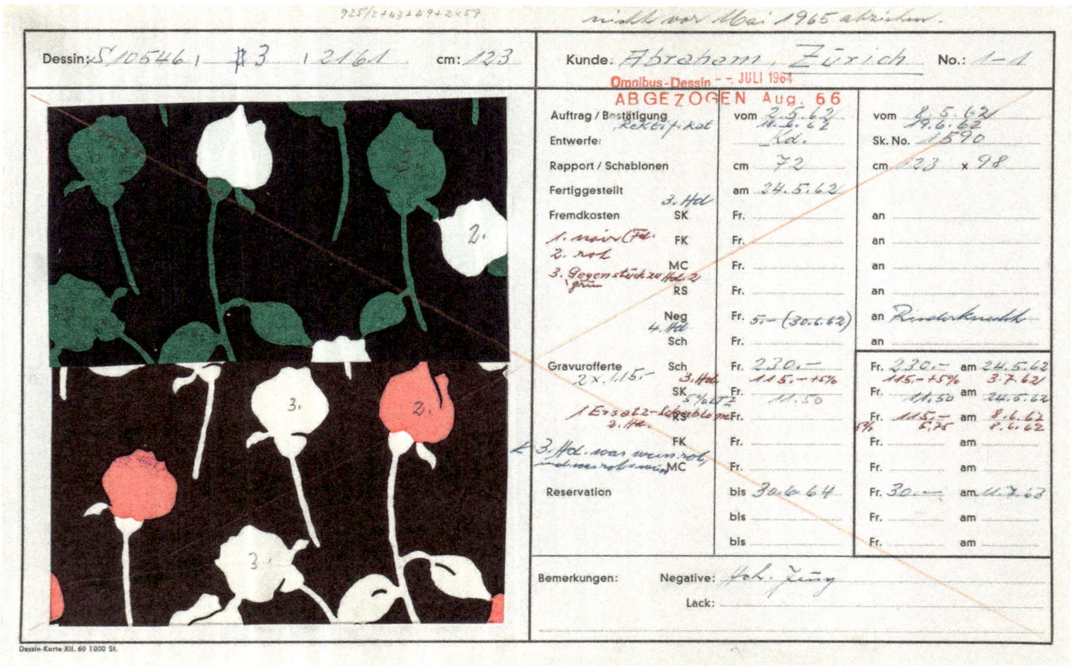

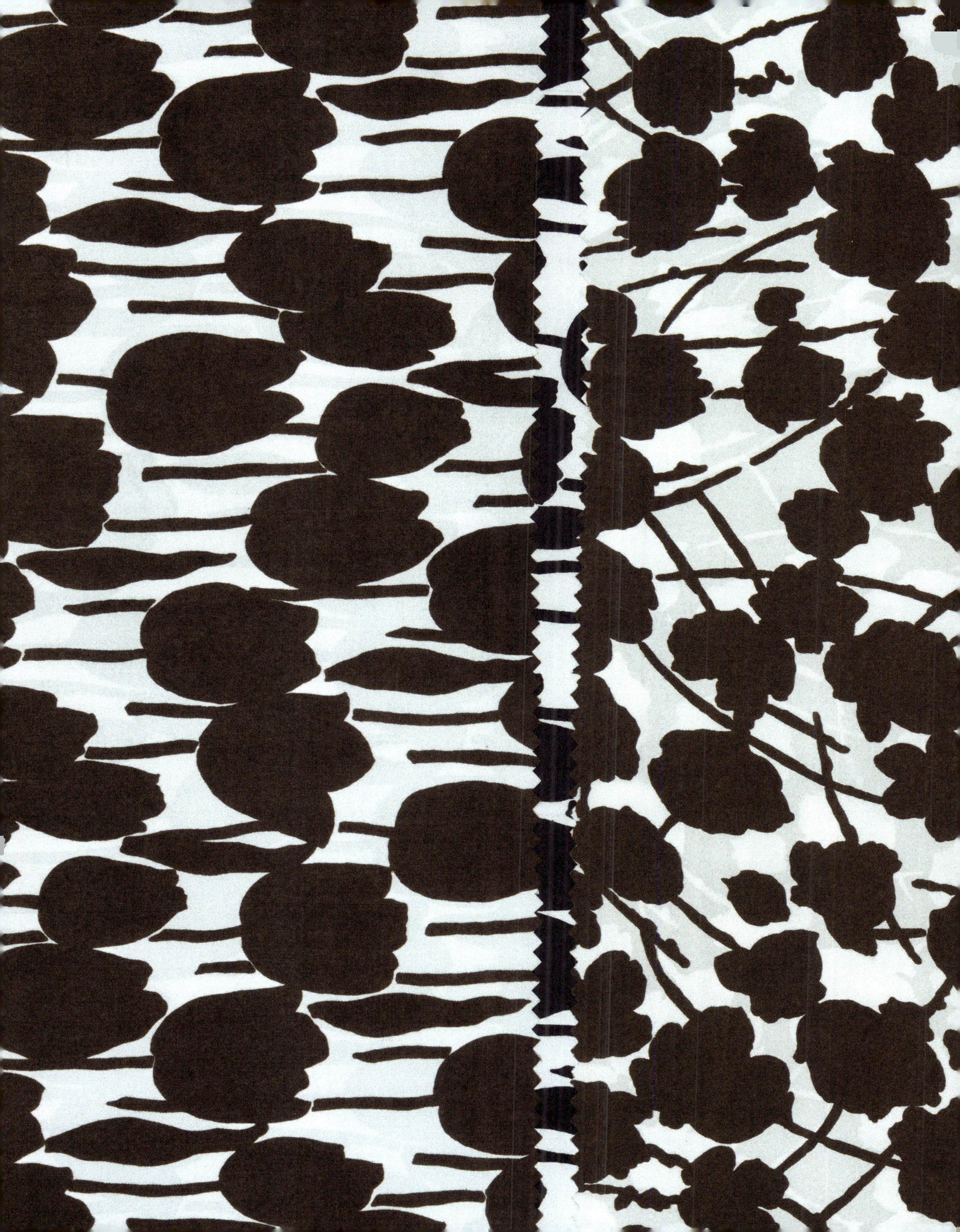

Dieses elegante Ensemble des französischen Modehauses Jeanne Lanvin wurde aus einem Stoff der Abraham AG gefertigt. Der Stoff wurde mit einer von jenem Konverter oft variierten scherenschnittartigen Blütenornamentik bedruckt.

Gian Paolo Barbieri, Porträtaufnahme für Jeanne Lanvin, 1963

Stoffmuster, Seidentwill, einfarbig bedruckt, Dessin Nr. S 11736/2, 1968

Dessinkarte für das Druckdessin Nr. S 11 253, beauftragt am 10. März 1963 von der Abraham AG, Zürich, 1963

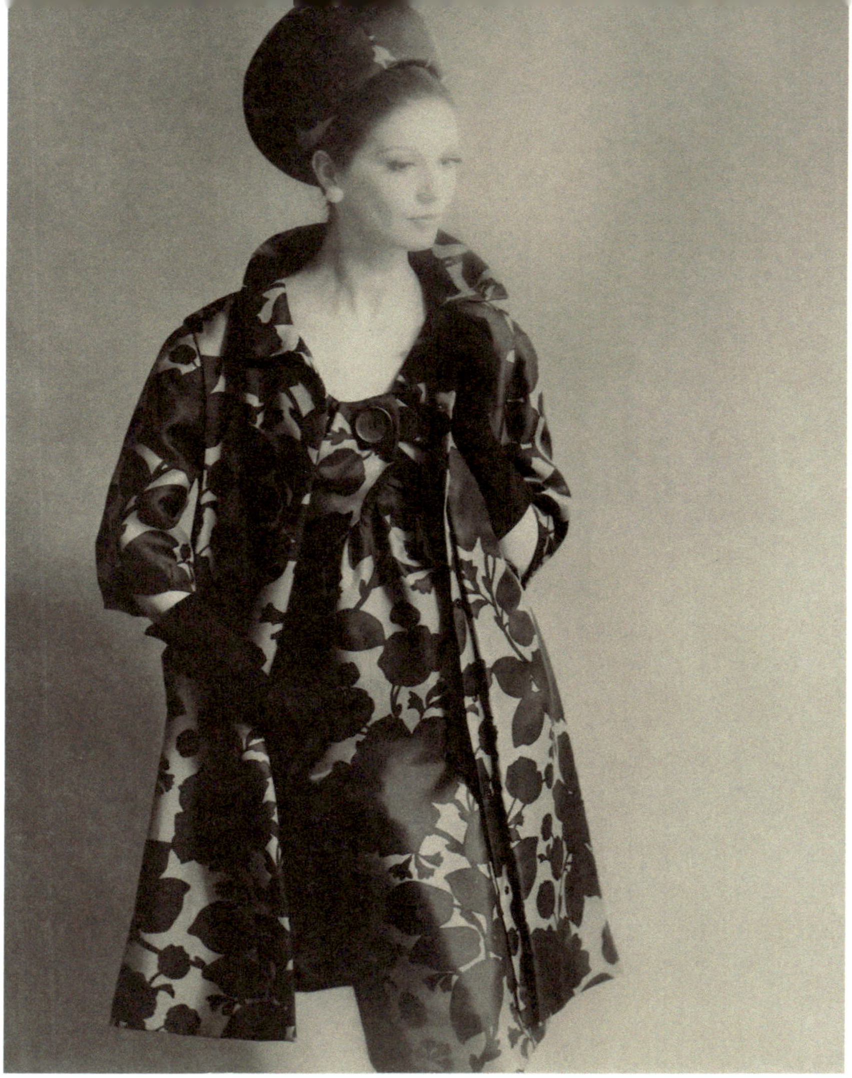

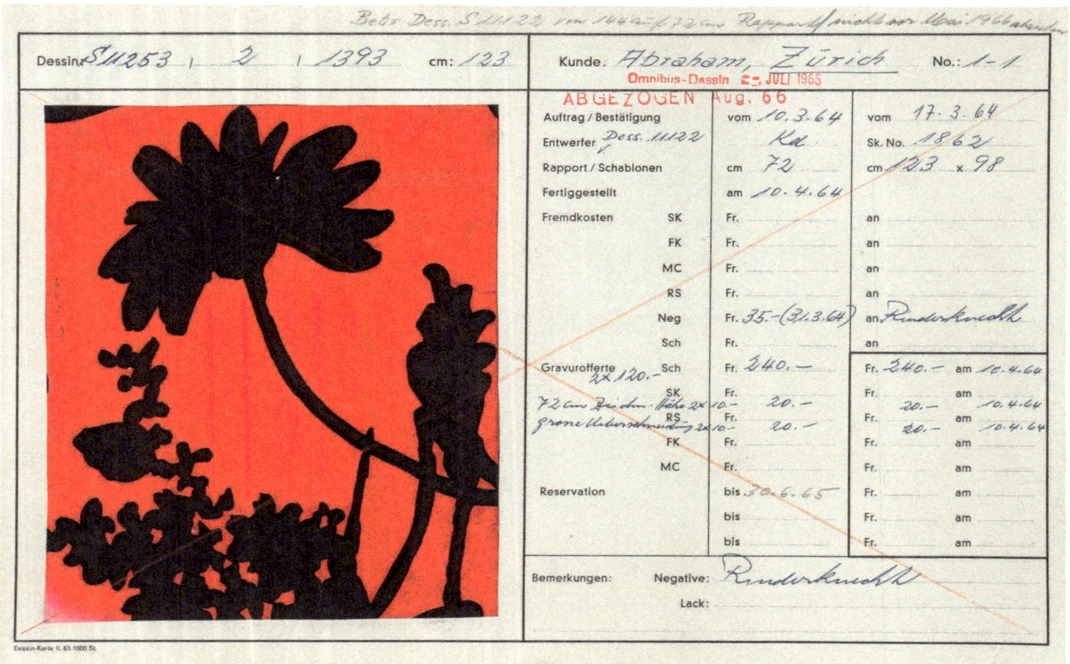

Dessin: S 11253 / 2 / 1393 cm: 123
Kunde: Abraham, Zürich No.: 1-1
Omnibus-Dessin JULI 1965
ABGEZOGEN Aug. 66
Auftrag / Bestätigung vom 10.3.64 vom 17.3.64
Entwerfer Dess. 11122 Kd Sk. No. 1862
Rapport / Schablonen cm 72 cm 123 x 98
Fertiggestellt am 10.4.64
Fremdkosten SK Fr. an
FK Fr. an
MC Fr. an
RS Fr. an
Neg Fr. 35.- (31.3.64) an
Sch Fr. an
Gravurofferte 2x120.- Sch Fr. 240.– Fr. 240.– am 10.4.64
SK Fr. 20.– Fr. 20.– am 10.4.64
RS Fr. 20.– Fr. 20.– am 10.4.64
FK Fr. Fr. am
MC Fr. Fr. am
Reservation bis 30.6.65 Fr. am
bis Fr. am
bis Fr. am
Bemerkungen: Negative:
Lack:

BESONDERS DIE FARBEN! EIN GESPRÄCH MIT DER GLARNER DRUCKERIN MARTINA ZENTNER

Das Gespräch mit Martina Zentner findet am Morgen des 24. Januar 2022 in einem Büro der Textildruckerei Mitlödi statt und wird von der Historikerin Bettina Giersberg geführt. Martina Zehntner hat anlässlich des Treffens eine kleine Elektroheizung organisiert, damit der ungeheizte Raum sich etwas erwärmt.

BG: Seit 1740 gibt es Textildruckereien im Glarner Tal. Generationen von Druckerinnen und Drucker haben in diesen Fabriken gearbeitet. Stammen Sie auch aus einer Glarner Drucker- bzw. Druckerinnenfamilie?

MZ: Überhaupt nicht! Ich bin mit sechzehn durch einen Zufall zu dem Lehrplatz hier in Mitlödi gekommen. In diesem Alter soll man wissen, was man lernen soll … [lacht] Zuerst habe ich eine Schnupperlehre bei der Offsetdruckerei Fridolin in Schwanden gemacht. Das hat mir auch gefallen, aber die Leute waren nicht so meins. Dann bin ich durch eine Kollegin in diese Textildruckerei gekommen und habe auch hier eine Schnupperlehre absolviert. Ich durfte mir das Druckdessin selbst aussuchen, durfte es kolorieren, die Farben auswählen, selbst drucken. Ich durfte den ganzen Durchgang machen: Das fand ich genial! Das Handwerkliche hat mich enorm fasziniert. Besonders die Farben! Ich trage auch immer farbige Hosen. [lacht] Farbe: Das bin ich!

BG: Sie haben dann hier in Mitlödi Ihre Ausbildung absolviert?

MZ: Im August 1992 habe ich hier als Lehrling angefangen, als Textilveredlerin. Die Ausbildung dauerte drei Jahre. Wir haben alle Abteilungen der Druckerei kennengelernt, alle zwei Monate konnten wir wechseln. Bei meiner Ausbildung war der Druck die Hauptsache. Es war eine sehr gute Ausbildung. Ich habe nicht nur danebengestanden und zugesehen, sondern konnte auch selbst mit anpacken.

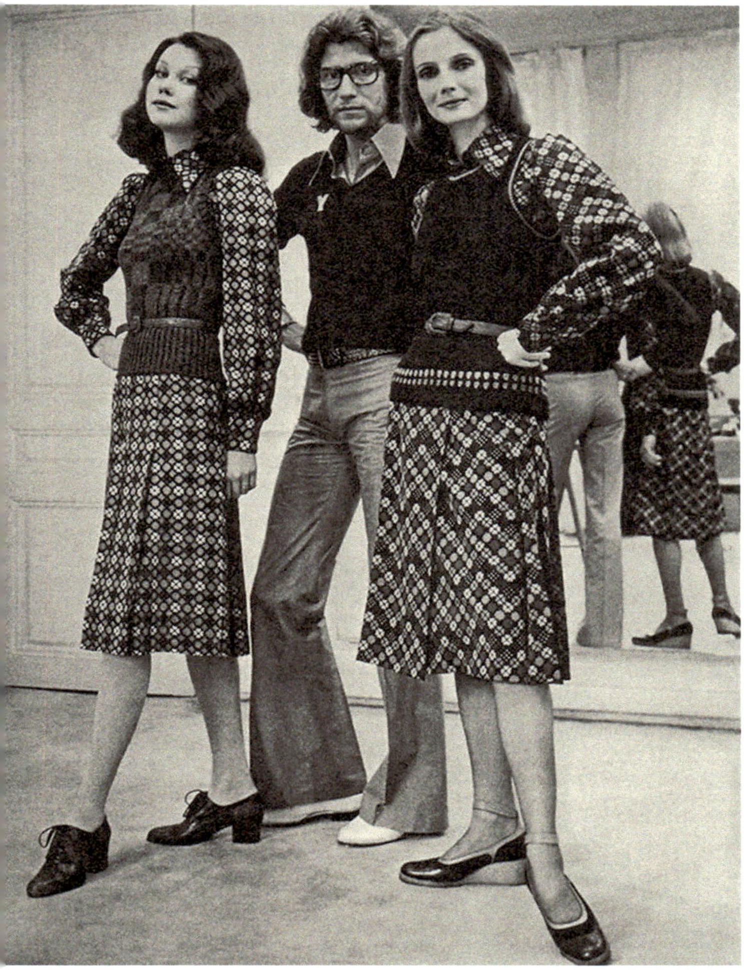

Diese Porträtaufnahme von Henri Elwing wurde in der französischen Ausgabe der Modezeitschrift *ELLE* veröffentlicht. Die Bildlegende dazu lautete: «Es sind 4850 Franc Unterschied zwischen den beiden Hemdblusenkleidern. Das linke als Prêt-à-porter-Kleid gibt es für 650 Franc. Das rechte, als Haute-Couture-Kleid, für 5500 Franc.» Der Stoff für beide Kleider wurde in der Seidendruckerei Mitlödi gedruckt.

Henri Elwing, Yves Saint Laurent mit zwei Mannequins bei der Präsentation seiner Herbst/Winter-Kollektion 1971/1972

Im Oktober 1971 druckten die Druckerinnen und Drucker in Mitlödi erneut ein Dessin in mehreren Varianten, das Monate zuvor von der Zürcher Abraham AG erfolgreich an Yves Saint Laurent verkauft worden war. Der Designer verarbeitete den Stoff in seiner Haute-Couture- und seiner Prêt-à-porter-Kollektion in der Wintersaison 1971/1972. Der Druck erwiess sich offenbar als schwierig. Die von Mitlödi nach Zürich gesandten Ergebnisse wurden dort beurteilt und Fehler beanstandet. Bekräftigt wurde diese Reklamation mit dem Hinweis auf eine negative Rückmeldung «von der Couture aus Paris».

Reklamationsschreiben der Abraham AG, Zürich, an die Seidendruckerei Mitlödi vom 11. Oktober 1971

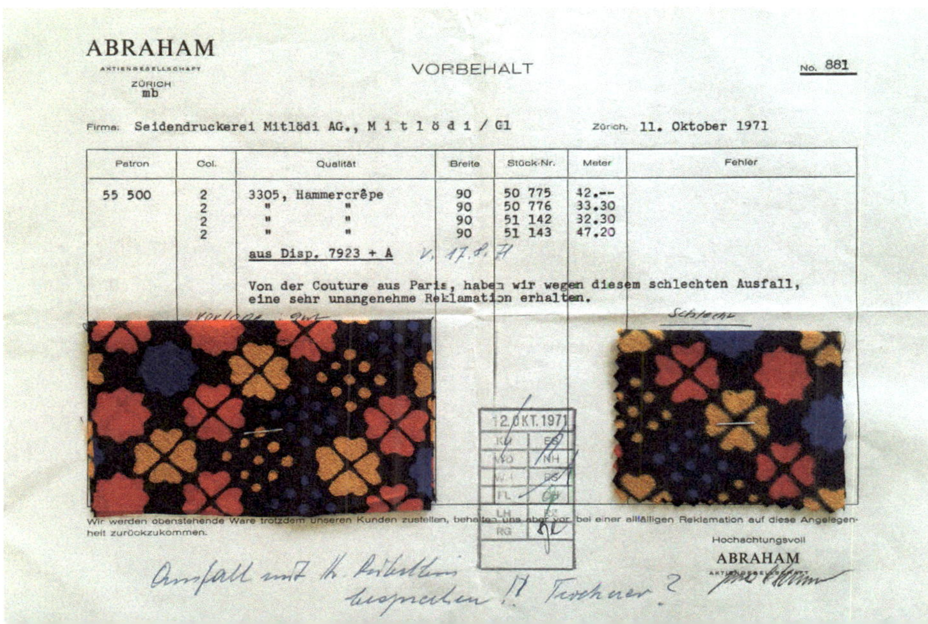

ABRAHAM
AKTIENGESELLSCHAFT
ZÜRICH
mb

VORBEHALT

No. 881

Firma: Seidendruckerei Mitlödi AG., M i t l ö d i / Gl

Zürich, 11. Oktober 1971

Patron	Col.	Qualität	Breite	Stück-Nr.	Meter	Fehler
55 500	2	3305, Hammercrêpe	90	50 775	42.--	
	2	" "	90	50 776	33.30	
	2	" "	90	51 142	32.30	
	2	" "	90	51 143	47.20	
		aus Disp. 7923 + A v. 17.8.71				
		Von der Couture aus Paris, haben wir wegen diesem schlechten Ausfall, eine sehr unangenehme Reklamation erhalten.				

Vorlage: gut

Schlecht

12. OKT. 1971

Wir werden obenstehende Ware trotzdem unseren Kunden zustellen, behalten uns aber vor, bei einer allfälligen Reklamation auf diese Angelegenheit zurückzukommen.

Hochachtungsvoll
ABRAHAM
AKTIENGESELLSCHAFT

So habe ich sehr viel gelernt und bereits als Lehrling selbstständig gearbeitet. Das hat es interessant gemacht und hat mir «extrem gepasst»! Es war eine sehr schöne Zeit!

BG: Wie viele Kollegen und Kolleginnen haben hier in Mitlödi gearbeitet, als Sie 1992 Ihre Lehre begonnen haben?

MZ: Als ich angefangen habe, sind wir 130 Leute gewesen. Drei Lehrlinge sind vor mir eingestellt worden und haben parallel zu meiner Ausbildung gearbeitet. Heute sind wir kaum zwanzig Leute hier …

BG: Wo fand der theoretische Teil der Ausbildung statt?

MZ: Das war in der Textilfachschule in Zürich und in Einzelkursen in Wattwil. In die Schule bin ich nie gerne gegangen. Wir hatten in der theoretischen Ausbildung viele Fächer, die ich hier in Mitlödi nicht gebraucht habe: zum Beispiel die Färberei, die Weberei und die Verfahren der Stoffvorbehandlung. Ich habe lieber gearbeitet. Trotzdem habe ich einen guten Abschluss gemacht.

BG: Sie haben dann ausgelernt. War Ihr erster Arbeitsplatz in der Druckerei gleich die Leitung der Musterdruckerei*?

MZ: Ja, das ist dann ziemlich schnell gegangen nach meinem Lehrabschluss. Die Druckerin, die die Musterdruckerei geleitet hat, wollte sich beruflich verändern, woraufhin mich die Leitung gefragt hat, ob ich den Mut hätte, als Abteilungsleiterin zu fungieren. Dann habe ich gesagt: Ja, probieren wir es. Anfangs habe ich mich recht durchsetzen müssen. Meine Mitarbeiterinnen und Mitarbeiter in der Musterdruckerei waren alle zwanzig, dreissig Jahre älter als ich, und da kommt so eine direkt aus der Lehre und leitet nun die Abteilung … Aber wir wurden ein gutes Team. Ich habe das dann fünf Jahre lang gemacht und bin anschliessend in die Musterdämpferei* und in die Farbküche* gewechselt. Heute mache ich alles, weil nur noch so wenige Leute hier sind. Jetzt gebe ich die Aufträge in die Produktion weiter, unterstütze die Produktionsplanung, mache die Abmusterung*, bin in der Produktion, in der Musterdruckerei, am Spannrahmen* oder in der Farbküche, je nachdem, wo ich gebraucht werde.

«Wenn der Stoff das erste Mal auf dem Tisch liegt, muss man ausprobieren, wie oft man rakeln* muss. Auch das Handwerkszeug und die Farbkonsistenz sind wichtig: Muss man das schwere Rakel nehmen oder muss man vielleicht die Farbe ‹dünner stellen›? Ist die Druckfarbe zu dick, dann zeichnet sich das Druckmuster nicht genau auf dem Stoff ab: es ‹versumpft›; ist der Farbauftrag zu dünn, sieht das Muster zu ‹mager› aus.»

BG: Vor jedem Textildruck gibt es einen künstlerischen Entwurf für die Ornamentik und die Farbigkeit. Der oder die Auftraggebende legt zudem die Grundstoffe fest, auf dem dieser Entwurf als Muster gedruckt werden soll. Ich kann mir vorstellen, dass es nicht immer leicht ist, einen vielfarbigen Entwurf auf einen dreidimensionalen Wollstoff oder auf einen zarten Seidenstoff zu drucken.

MZ: Ja, das ist nicht einfach. Wenn der Stoff das erste Mal auf dem Tisch liegt, muss man ausprobieren, wie oft man rakeln muss, dreimal oder viermal. Auch das Handwerkszeug und die Farbkonsistenz sind wichtig: Muss ich das schwere Rakel nehmen oder vielleicht die Farbe «dünner stellen»? Ist die Druckfarbe zu dick, dann zeichnet sich das Druckmuster nicht genau auf dem Stoff ab: Es «versumpft»; ist der Farbauftrag zu dünn, sieht das Muster zu «mager» aus. Das ist immer zuerst ein Pröbeln.

BG: Sie hatten viele Haute-Couture-Stoffe auf dem Drucktisch der Musterdruckerei. Haben Sie selbst diese Stoffe getragen oder eine Sehnsucht danach?

MZ: Absolut nicht! Ich bin der Unifarben-Typ. [lacht] Ich bin gar nicht fürs Blumige. Das passt nicht zu mir: Das bin nicht ich. Mich interessieren das Handwerksprodukt und die Frage, wie ich den Entwurf auf Stoff umsetzen kann. Nur in der Schnupperlehre habe ich mir ein Rosendessin mit kleinen Röschen herausgesucht und es mit vier oder fünf Schablonen auf Seide gedruckt. Dann habe ich mir in der Handarbeitsschule für meine Konfirmation eine Bluse aus dem Stoff genäht. Die habe ich einmal getragen und nie mehr wieder. Ich habe sie dann weiterverschenkt.

FABRIKHALLEN, WASCHANLAGEN UND DRUCKTISCHE. DIE FOTOGRAFISCHEN ARBEITEN VON VOLKER KREIDLER

Volker Kreidler stammt aus einer Fotografenfamilie, die 140 Jahre lang in Horb am Neckar ein Geschäft für Porträtfotografie führte. Nach seiner Fotografenlehre studierte Volker Kreidler von 1988 bis 1994 Fotografie und Filmdesign an der Fachhochschule Dortmund.
Als Künstler und Fotograf beschäftigt er sich heute vor allem mit geografischen Transformationsprozessen in Osteuropa. Auf seinen Reisen erkundet er Orte, die auf Brüche und Veränderungen hinweisen und untersucht Grenzgebiete und Verkehrswege, die die Fragilität des geschichtsträchtigen Kontinents Europa zeigen.

In seinen Arbeiten als Architekturfotograf dokumentiert Volker Kreidler seit den 1990er Jahren die Industriekultur im deutschsprachigen Raum, insbesondere der DDR. So hält er unter anderem die Fabrikanlagen des VEB Reglerwerk Dresden, der Lastkraftwagenfabrik Roburwerke in Zittau oder die Montagehallen des ehemaligen VEB Elektrowärme im sächsischen Sörnewitz in seinen Bildern fest.[9]

Nach dem Bekanntwerden des Konkurses der Mitlödi Textildruck AG im Frühjahr 2020 fotografierte Volker Kreidler im Augst desselben Jahres alle Innen- und Aussenräume der Druckerei. Mit dem Auge des Künstlers und dem Handwerkszeug des Architekturfotografen zeigt er die eindrücklichen Druckhallen, Büros, Siebdruckschablonendepots, Stofflager und alle anderen Arbeitsräume, die seit 1856 für den Textildruck genutzt werden.

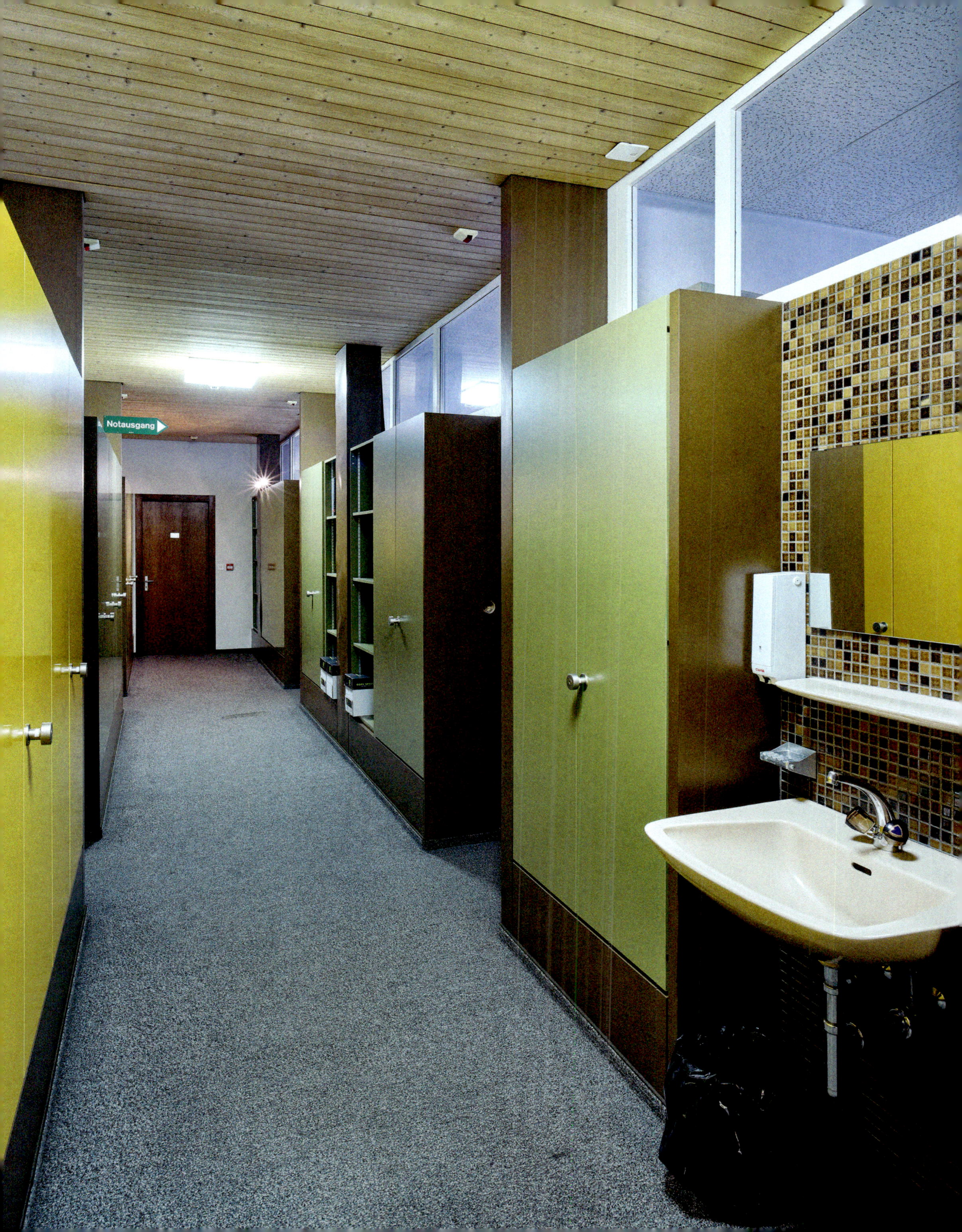
Notausgang

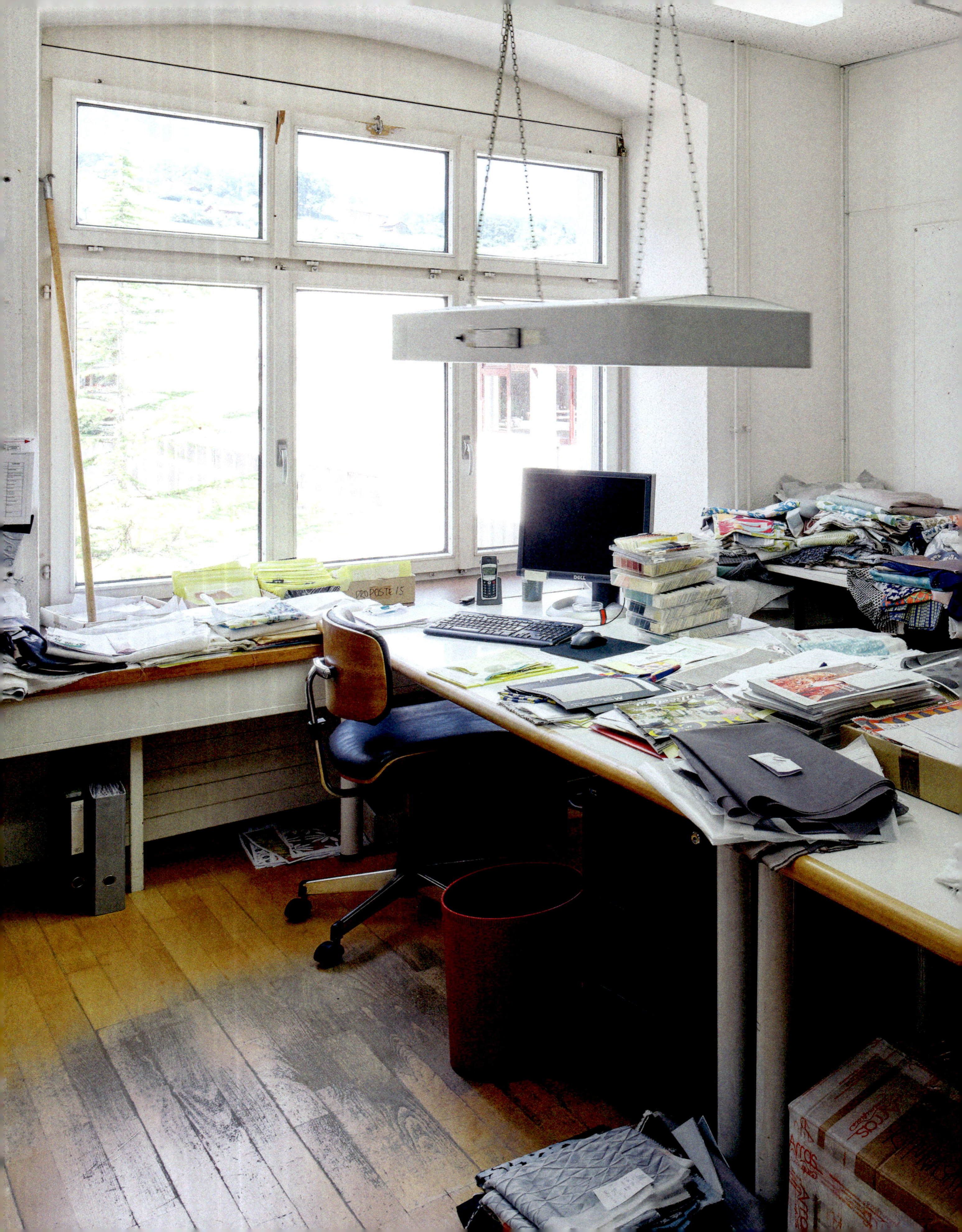
PROPOSTE 15

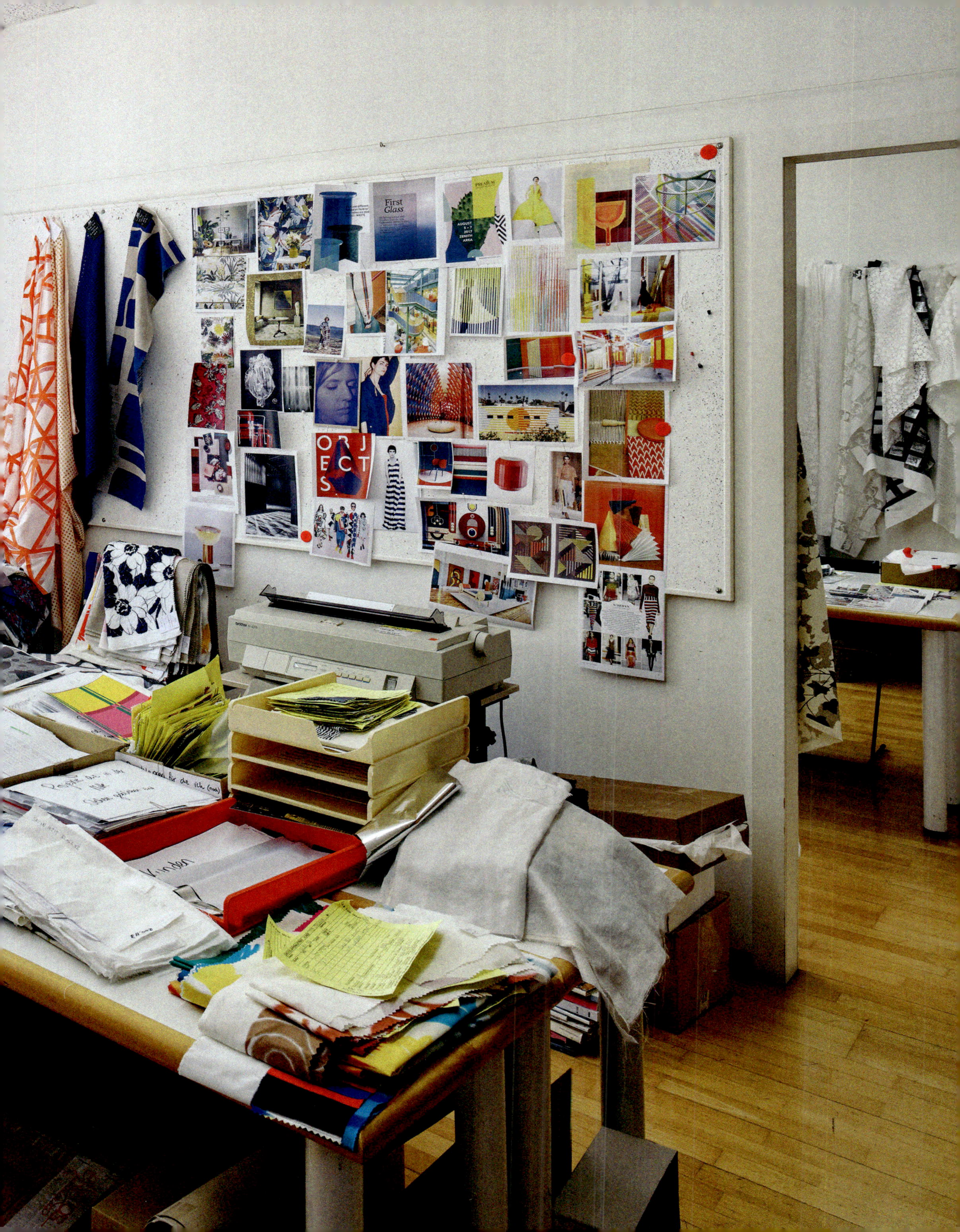
First Glass

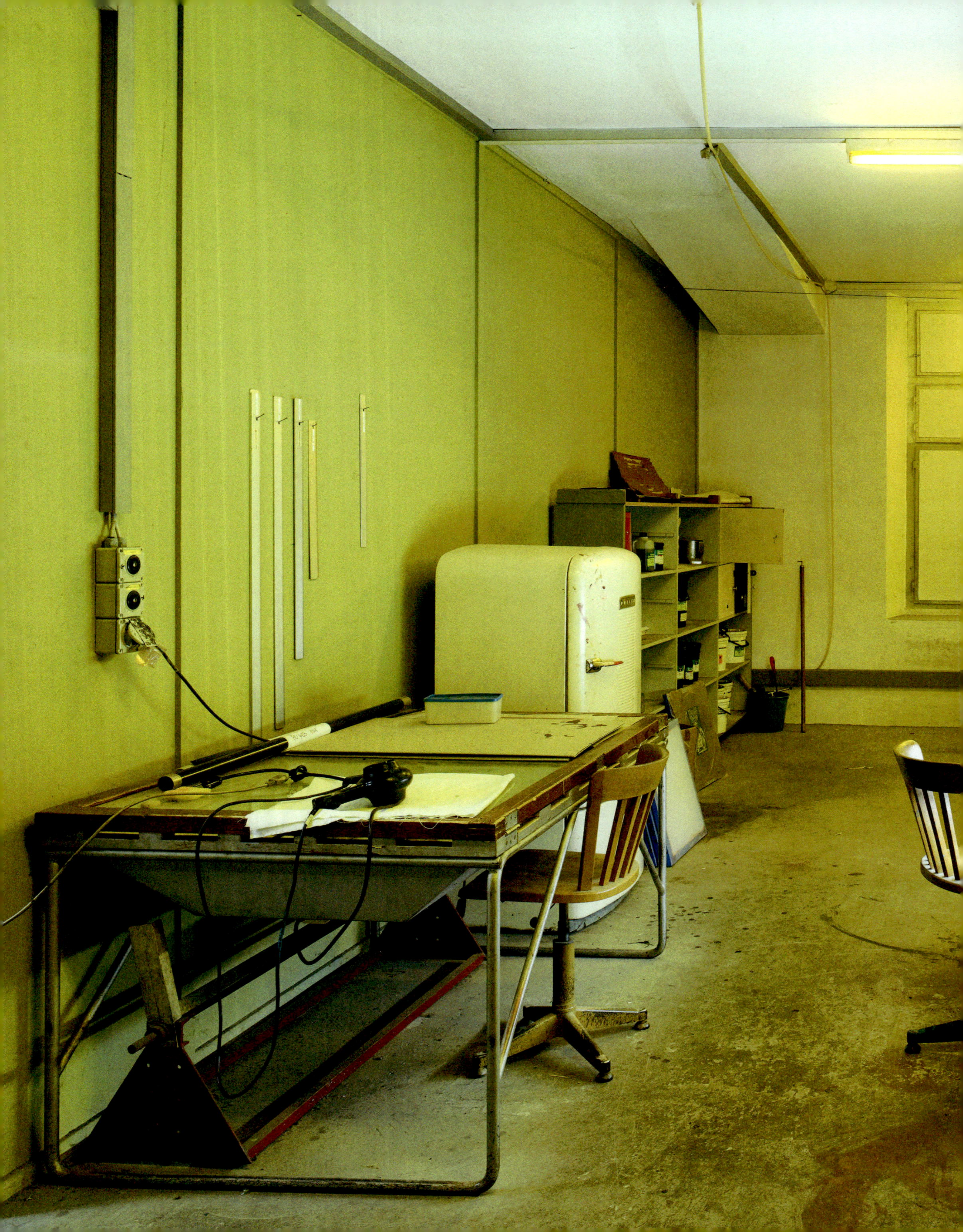

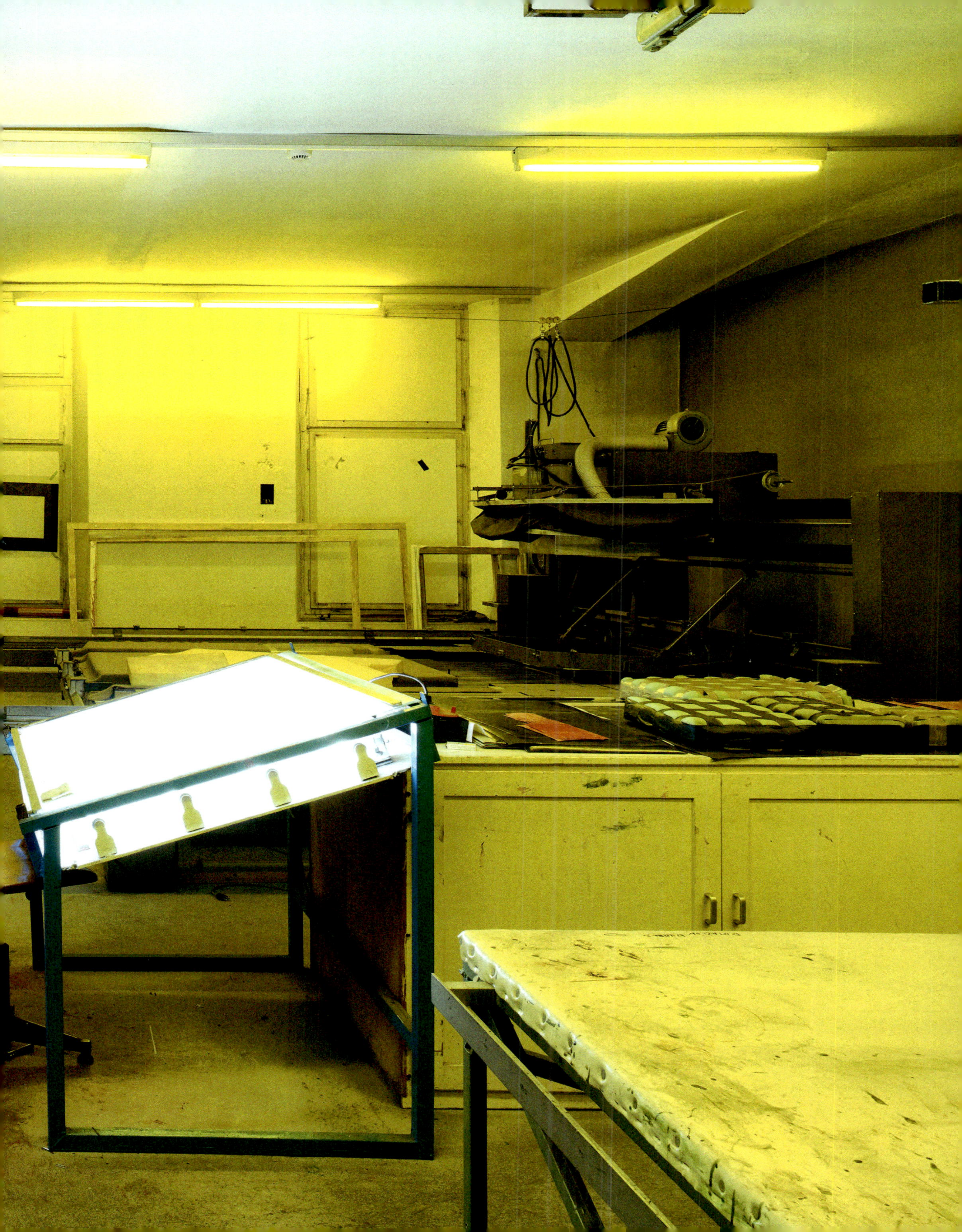

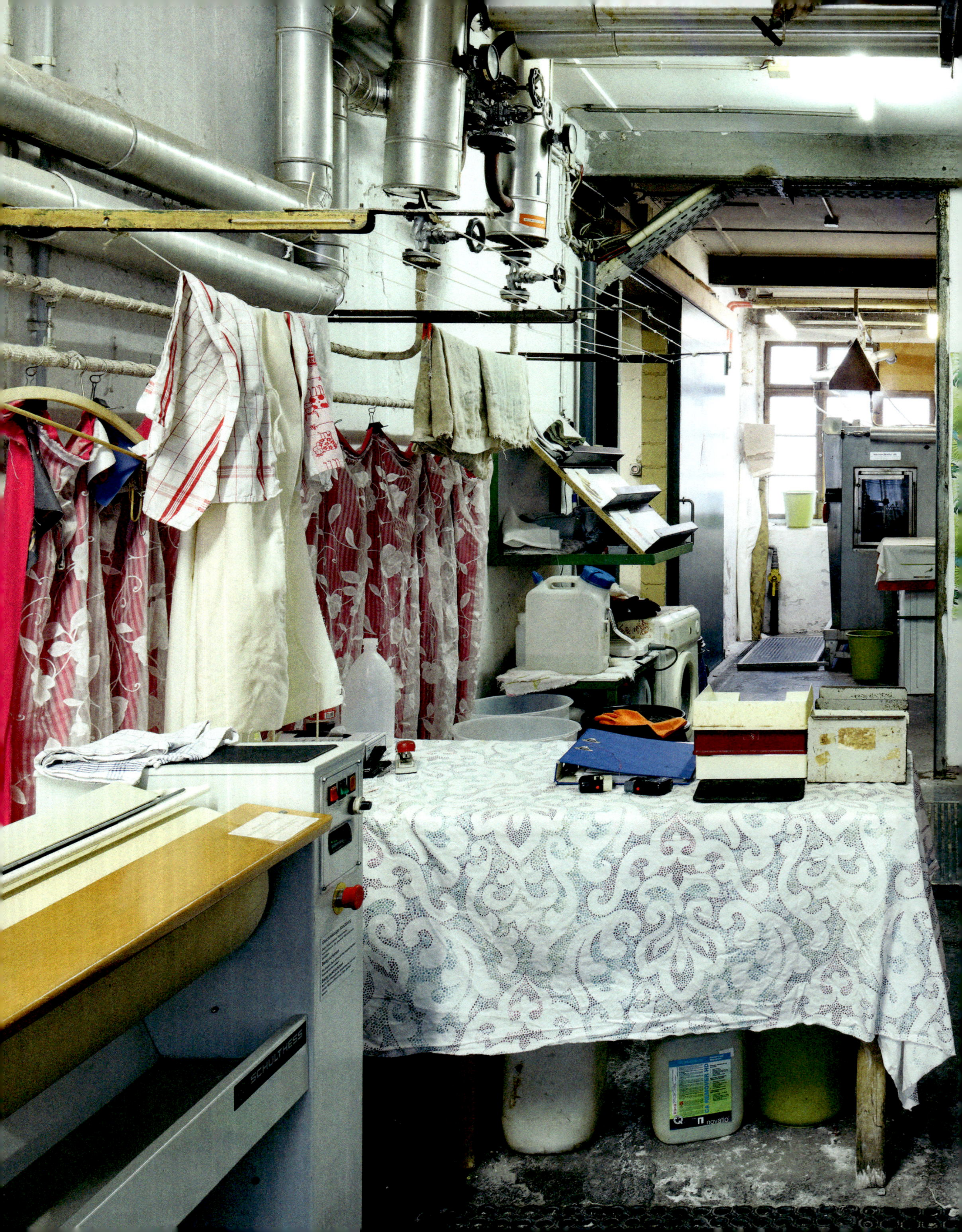
SCHULTHESS
novatio

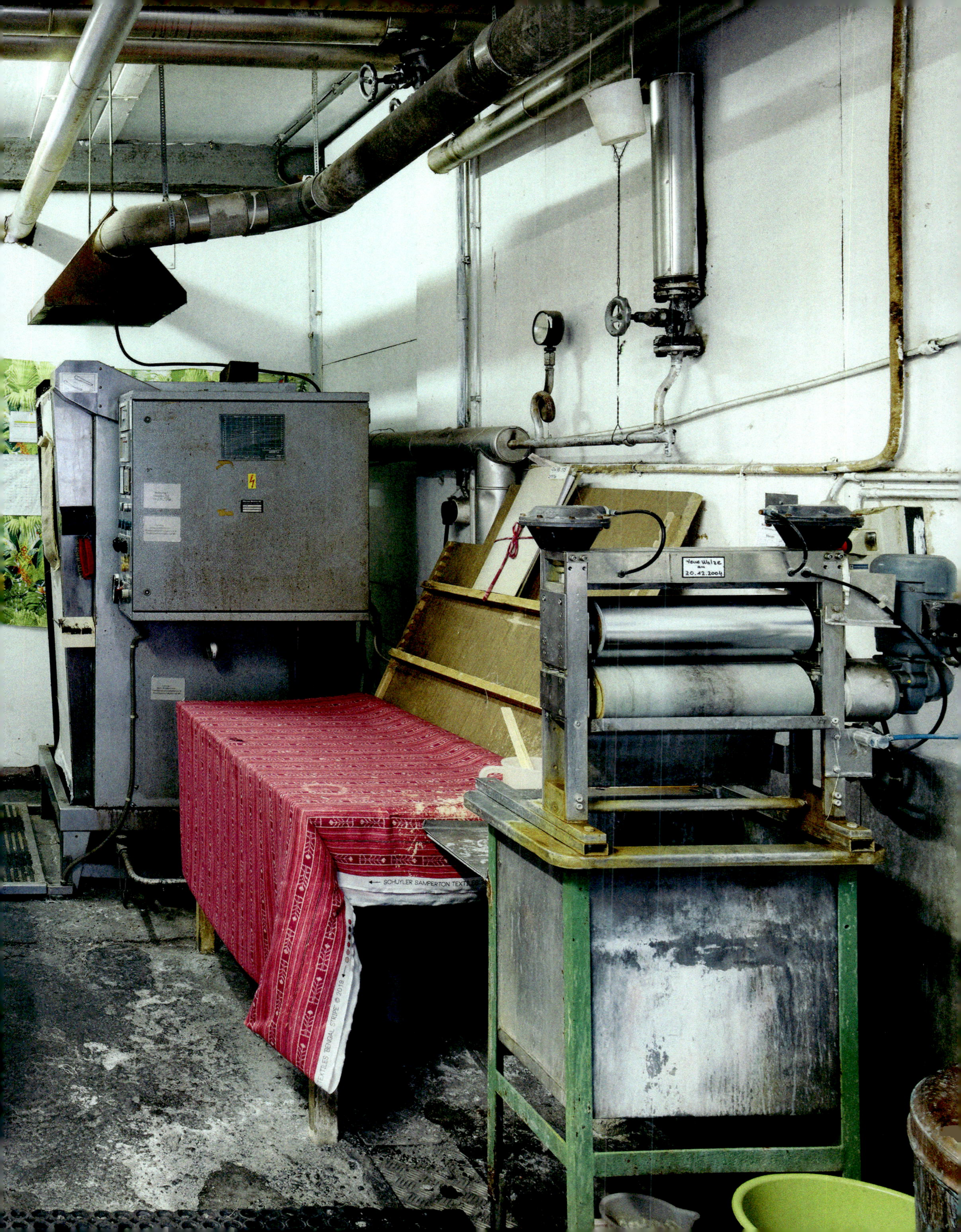
Neue Walze
am
20.12.2004
SCHUYLER SAMPERTON TEXTILES
TEXTILES "BENGAL STRIPE" © 2019

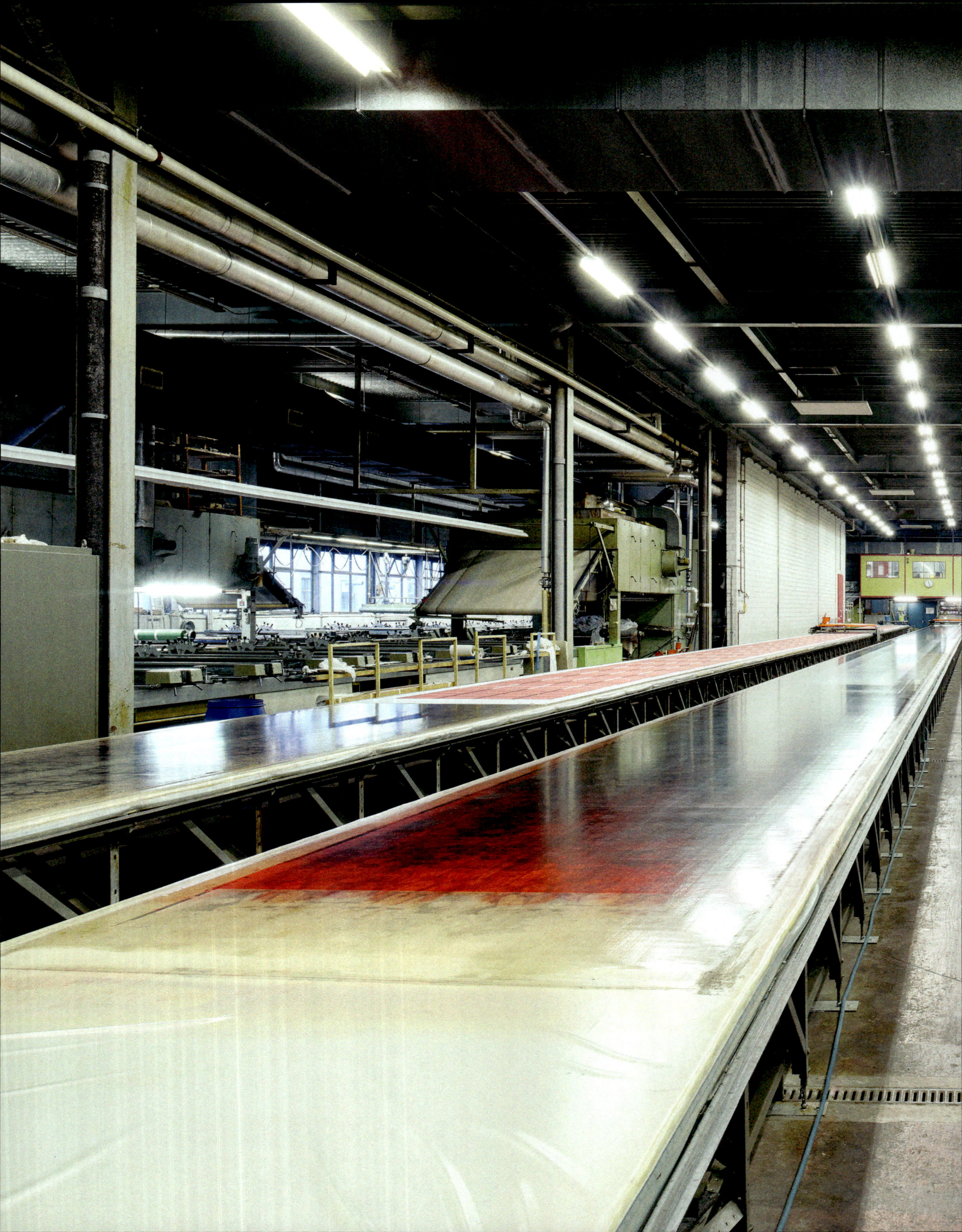

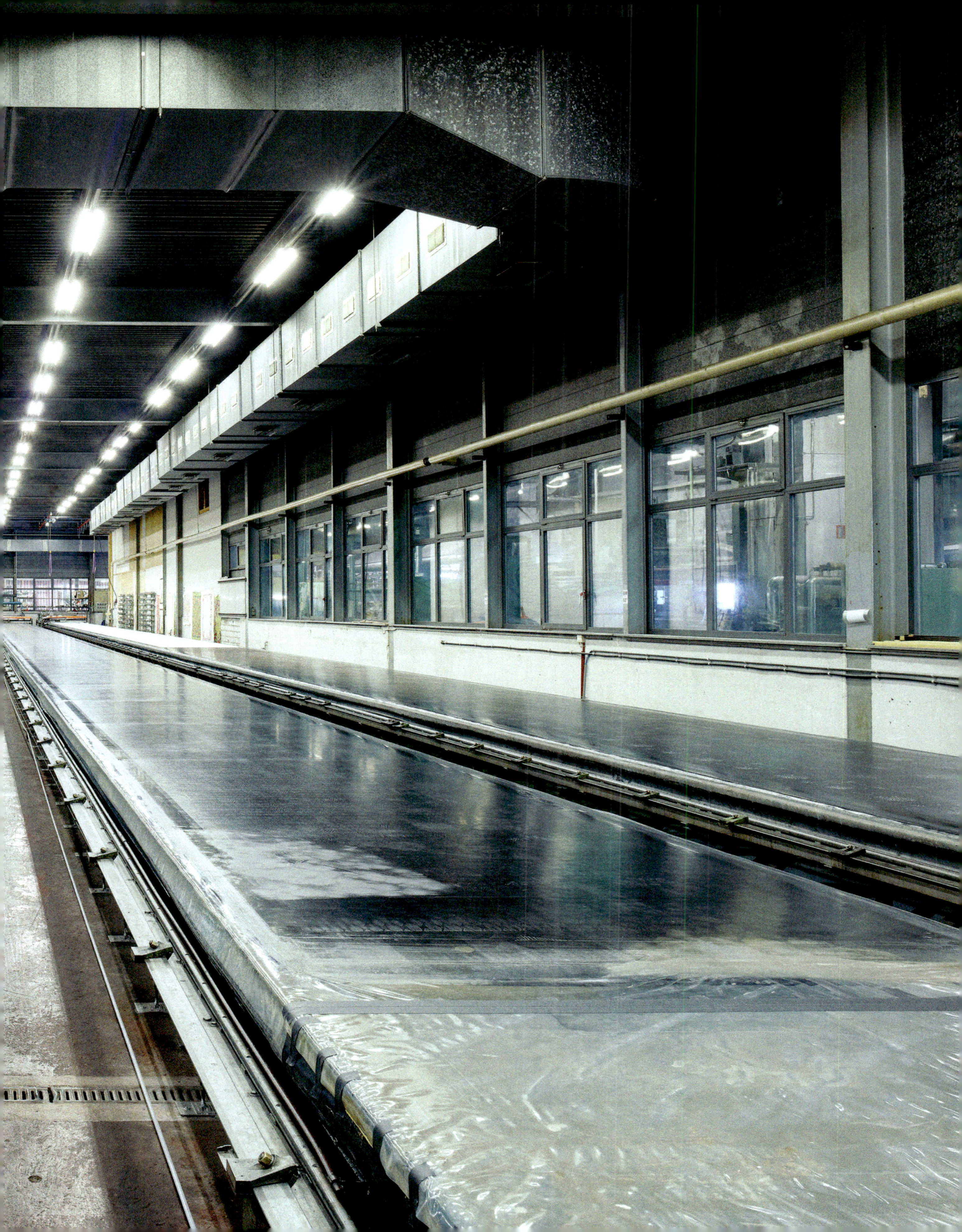

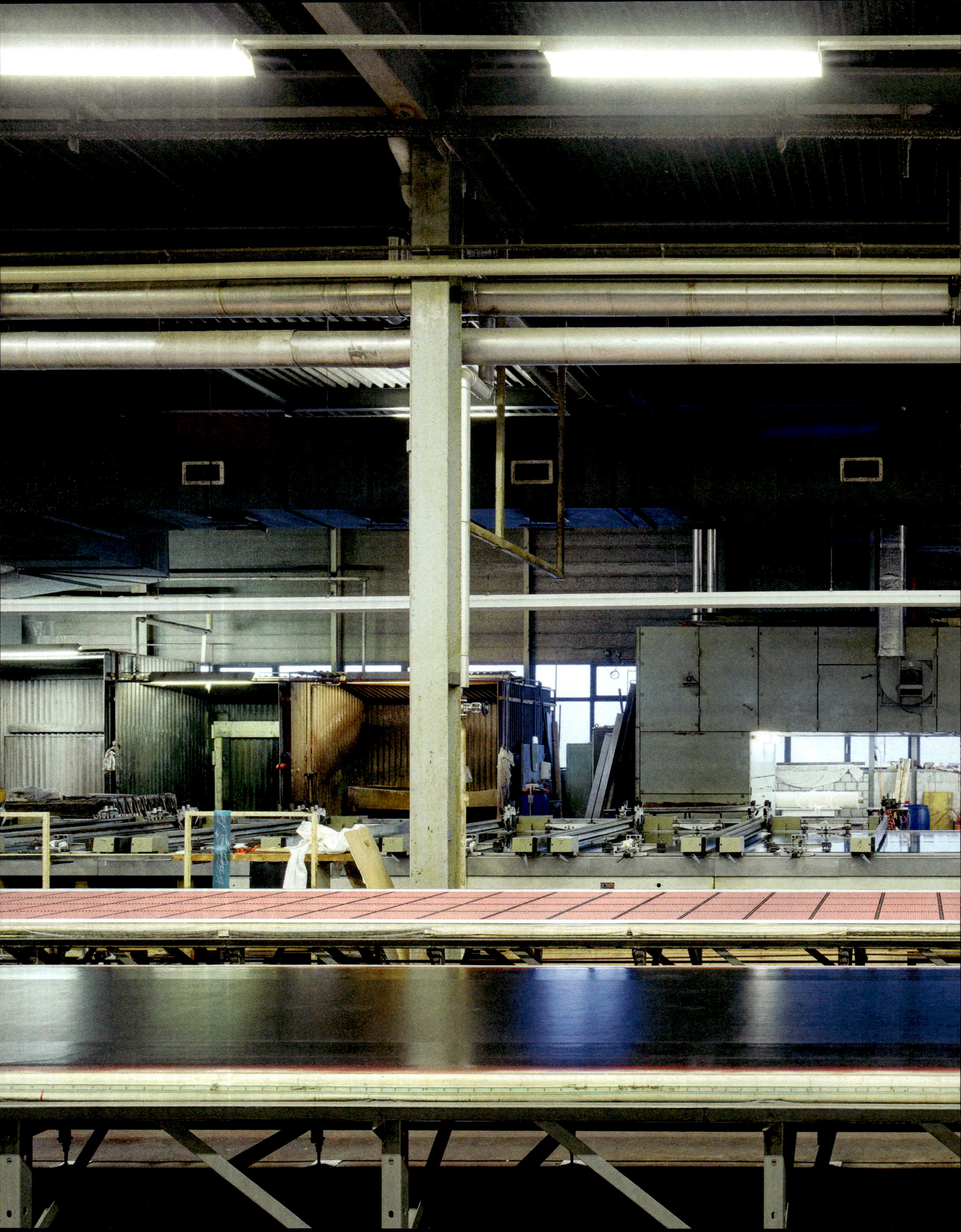

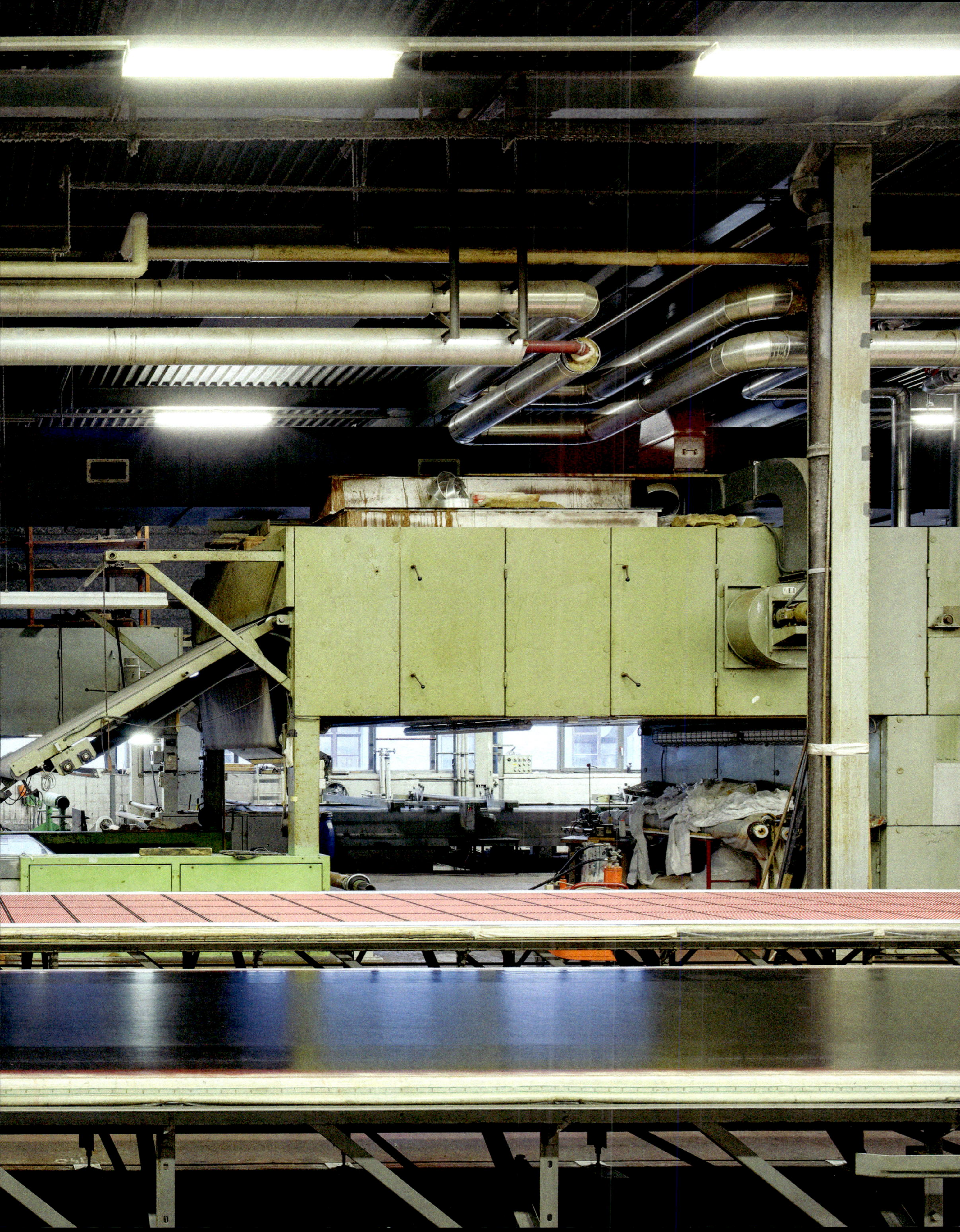

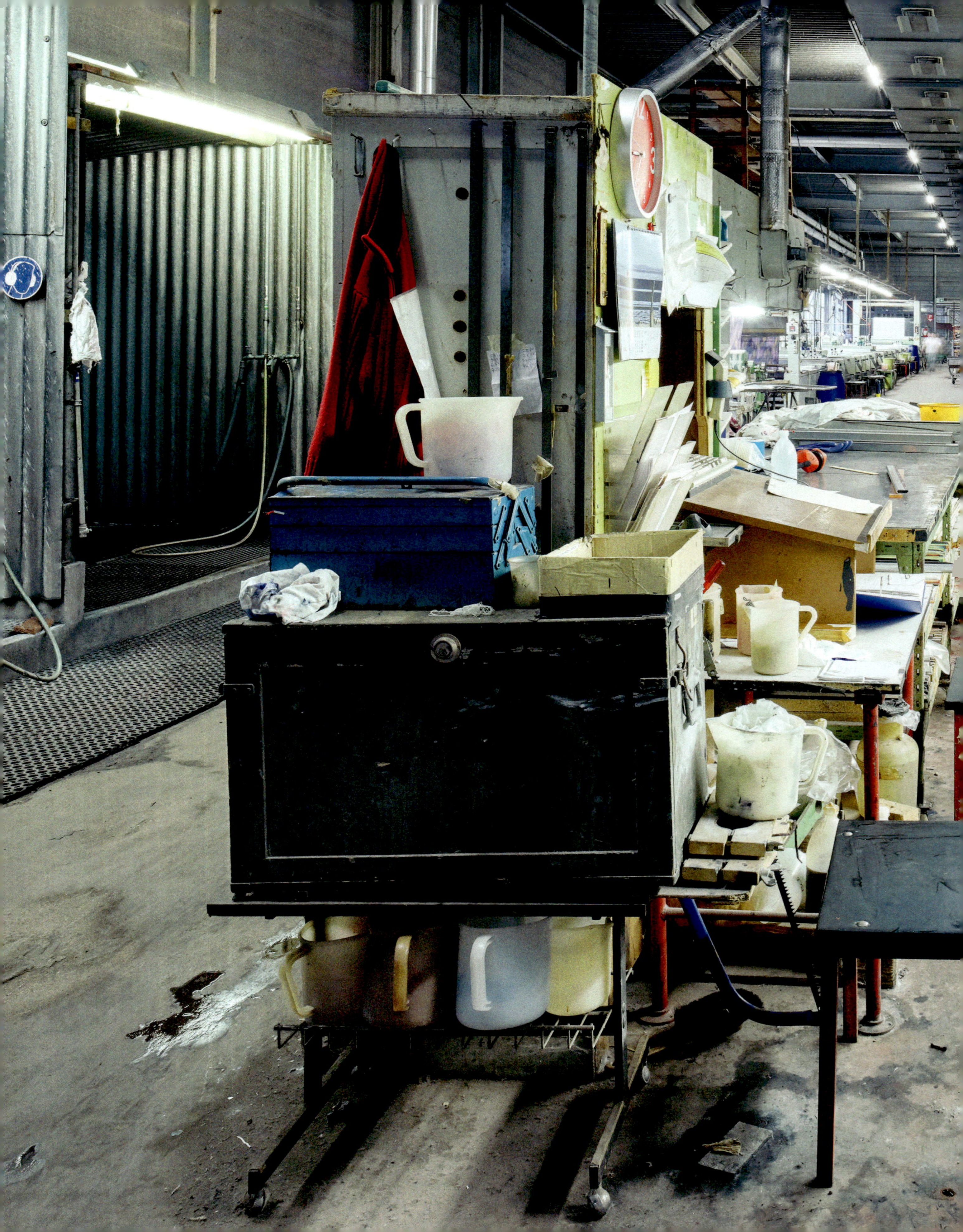

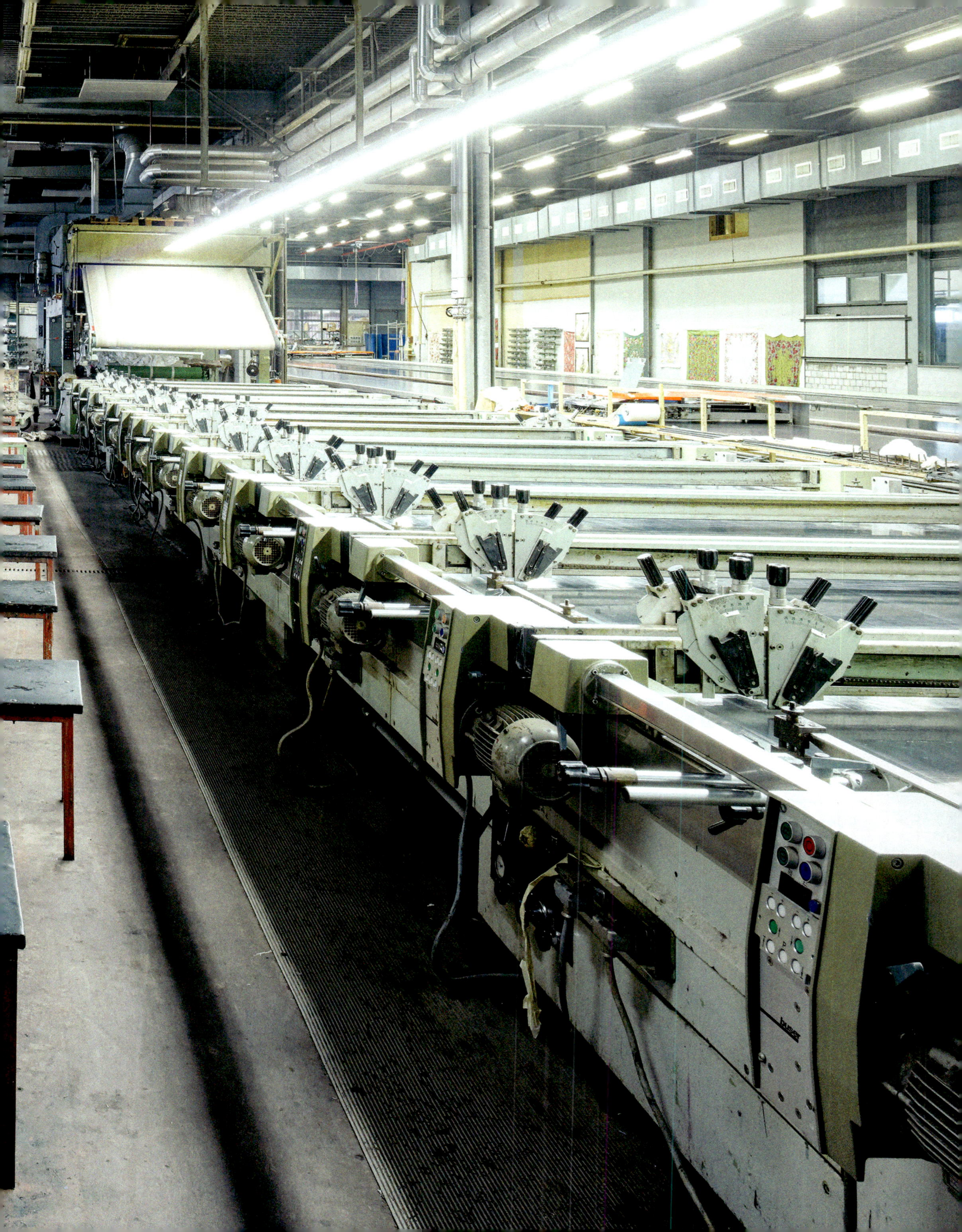
buser

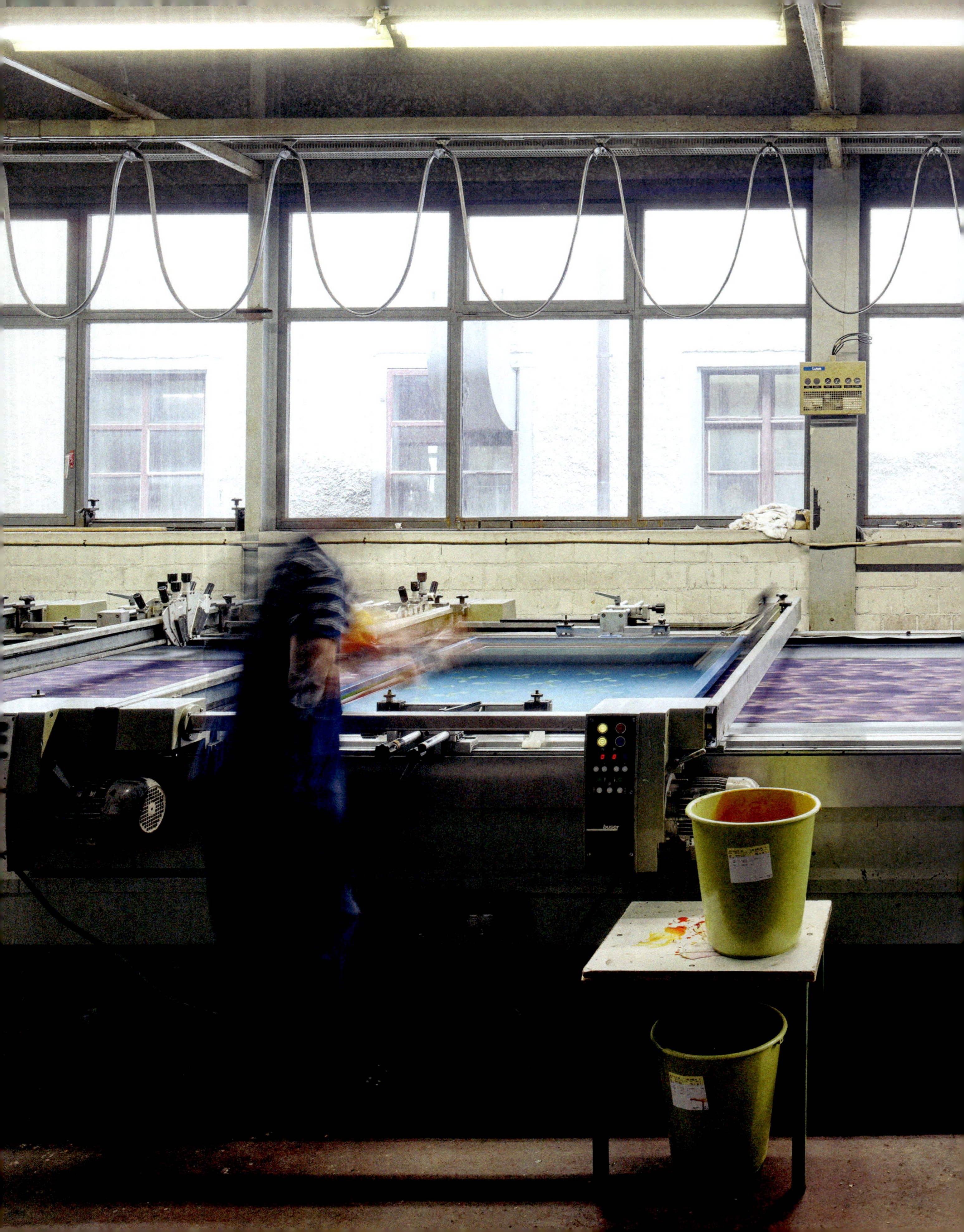

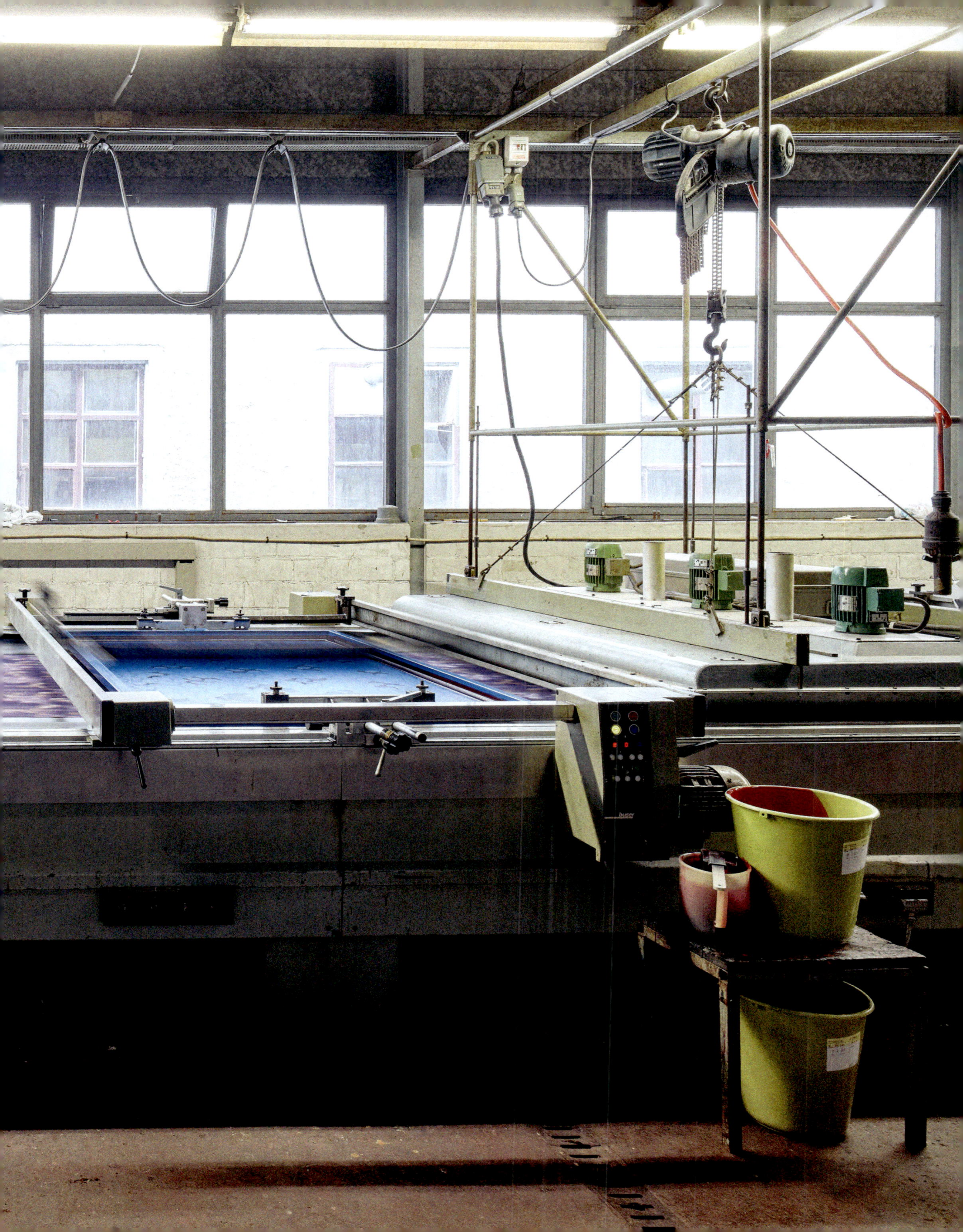

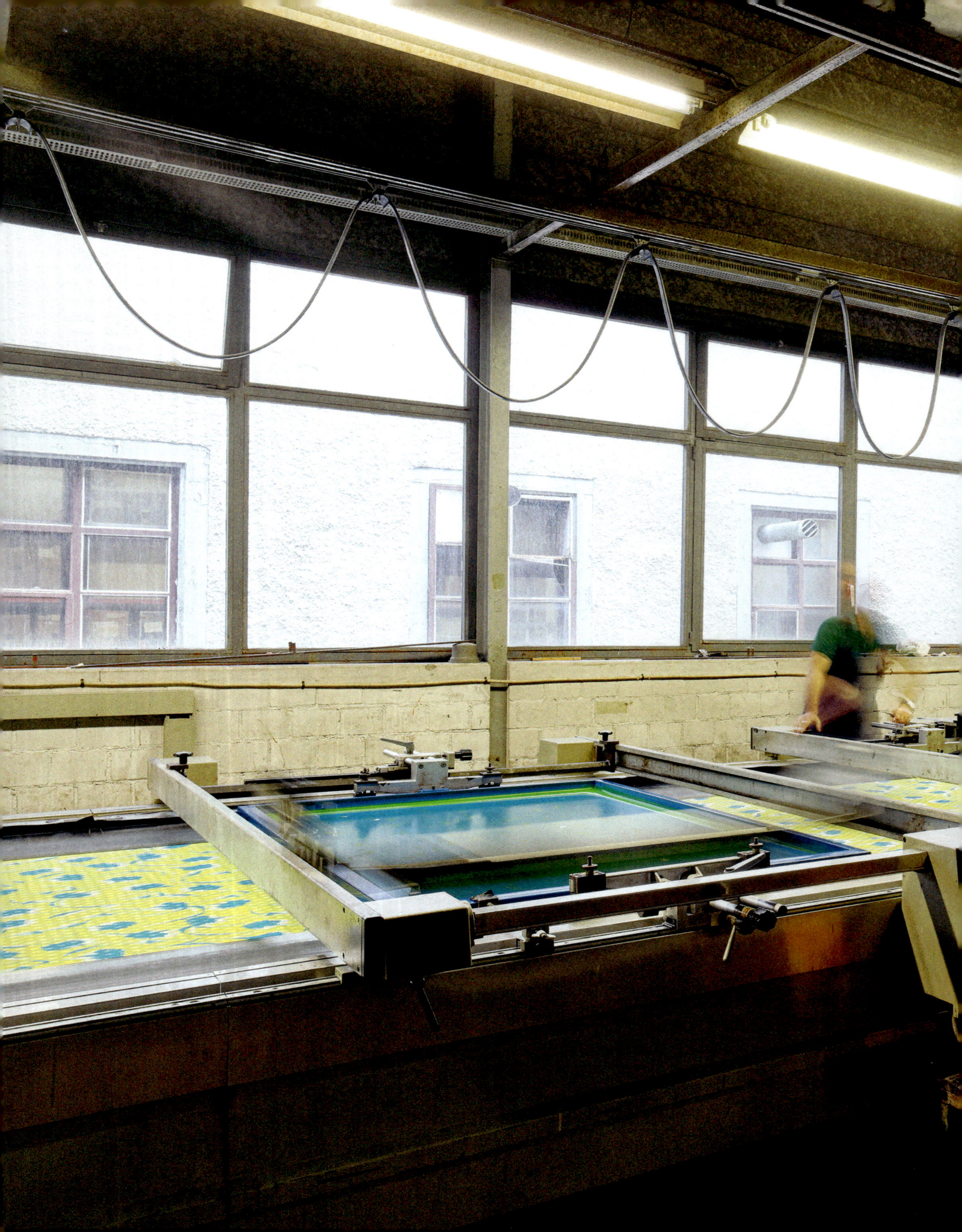

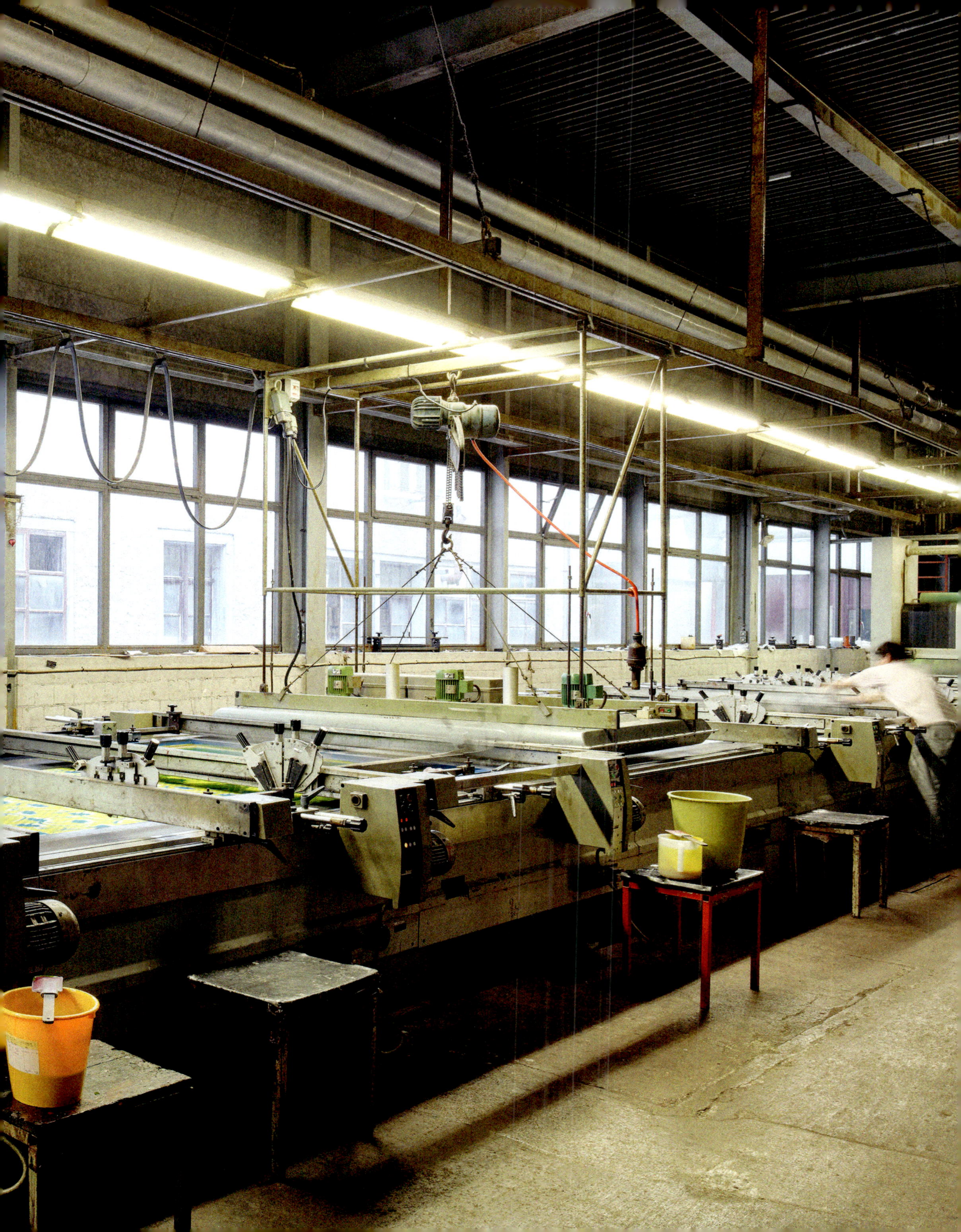

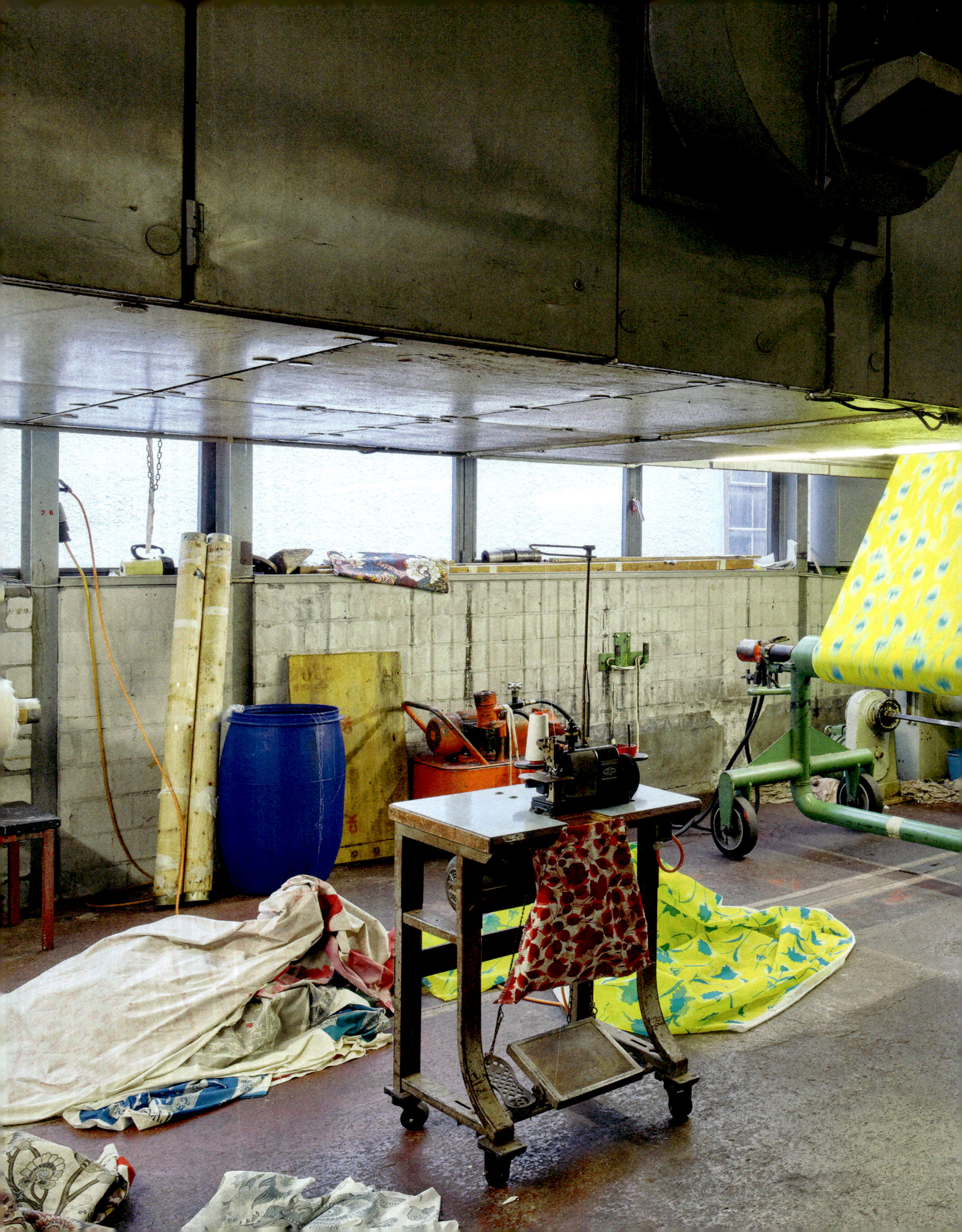

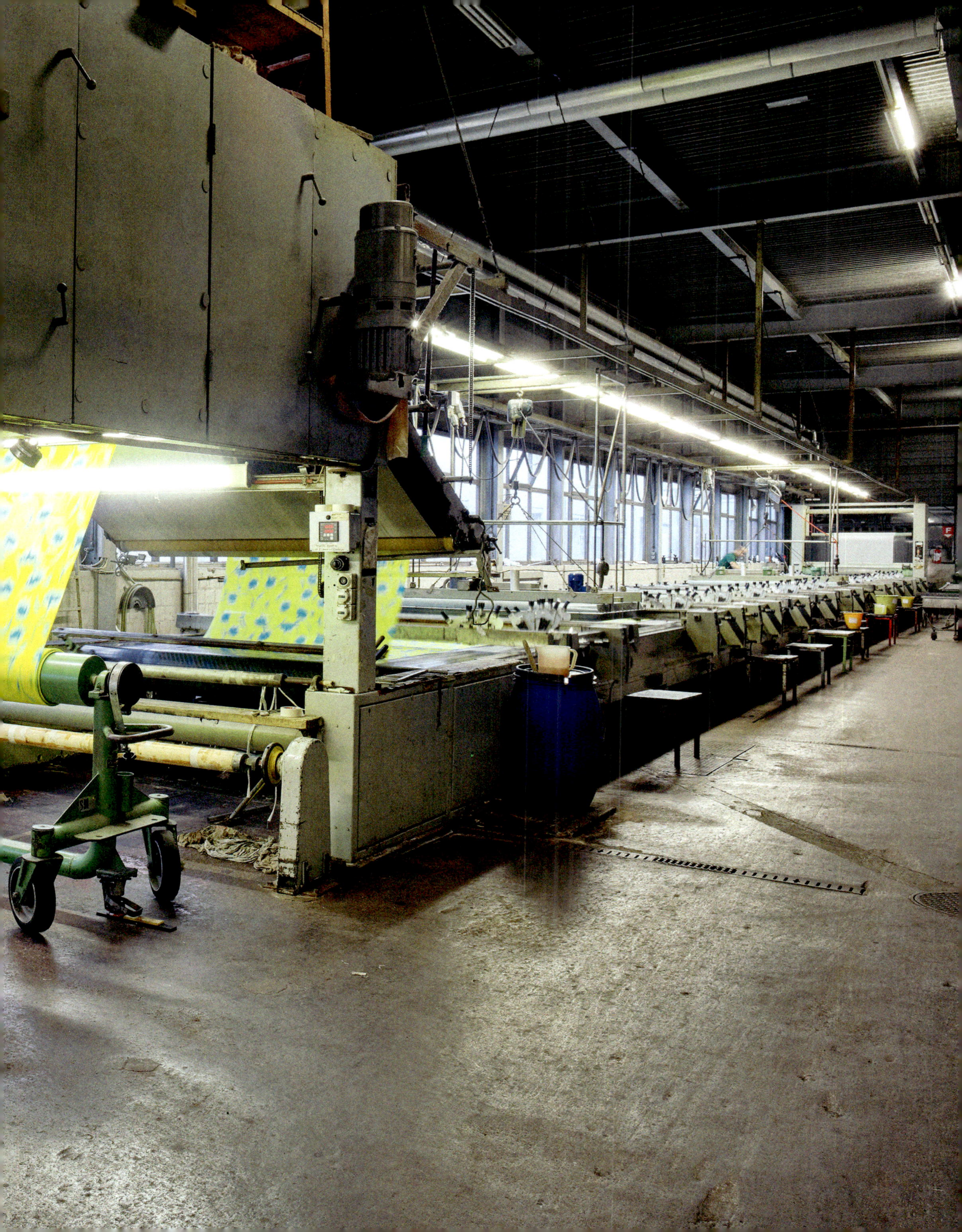

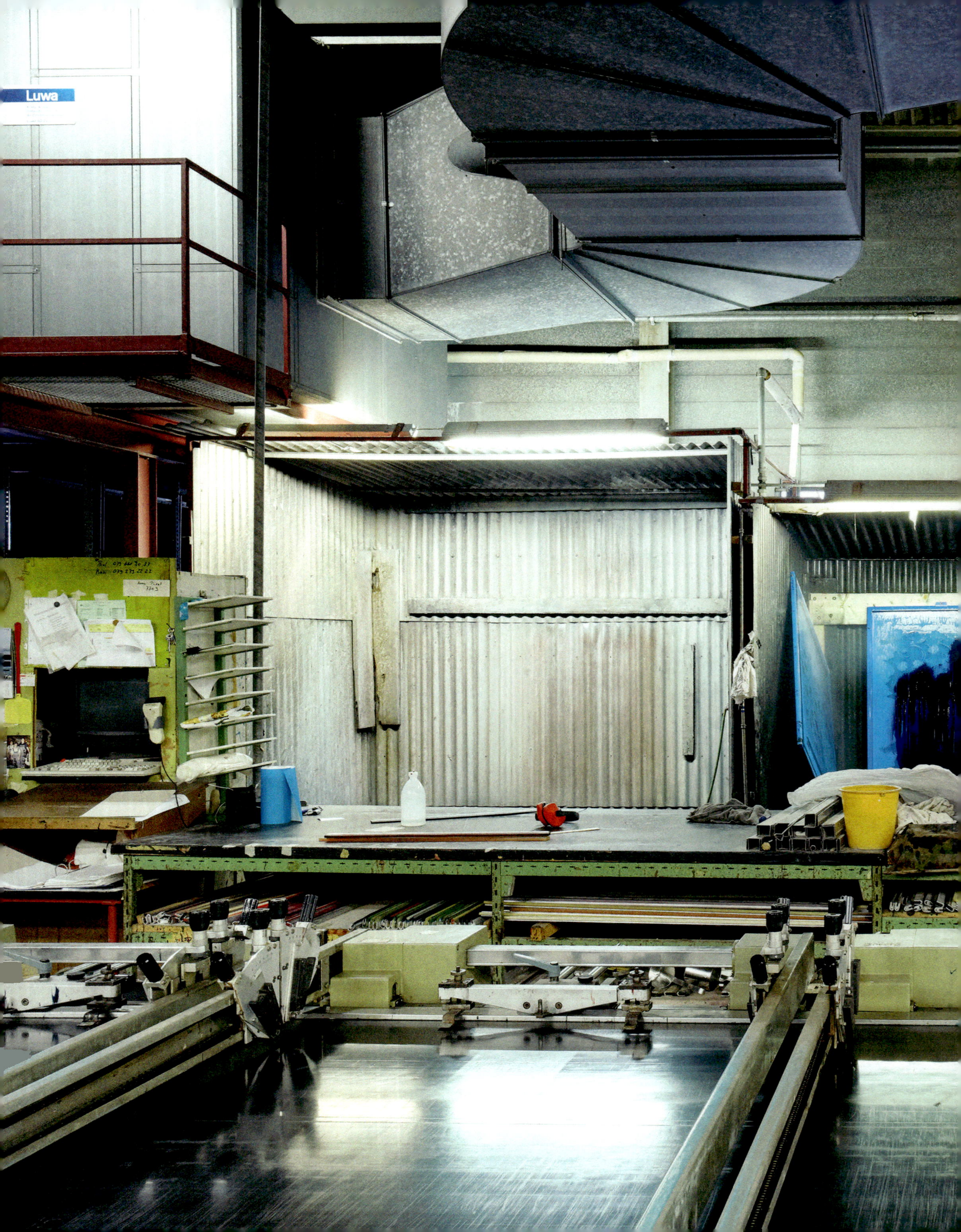
Luwa

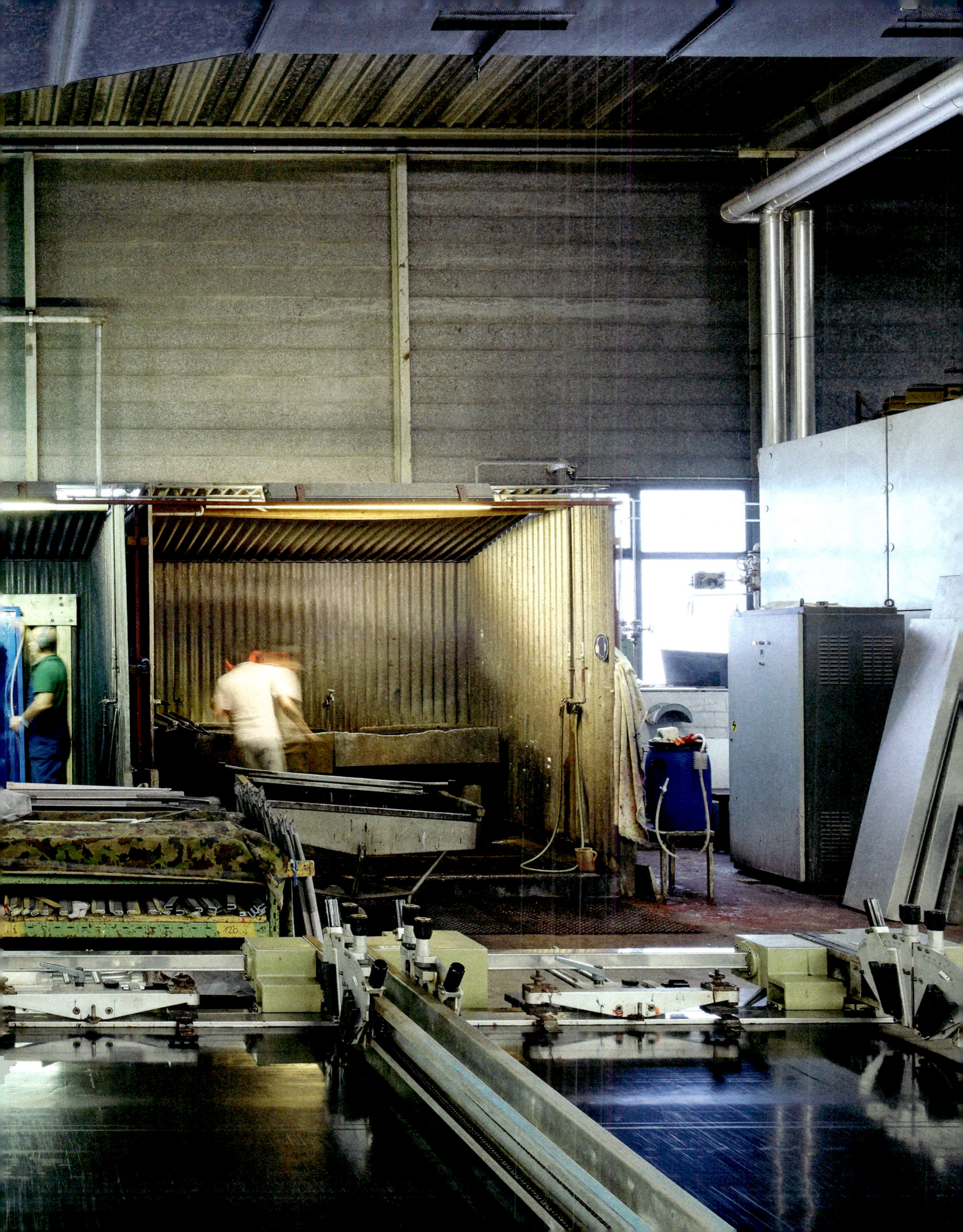

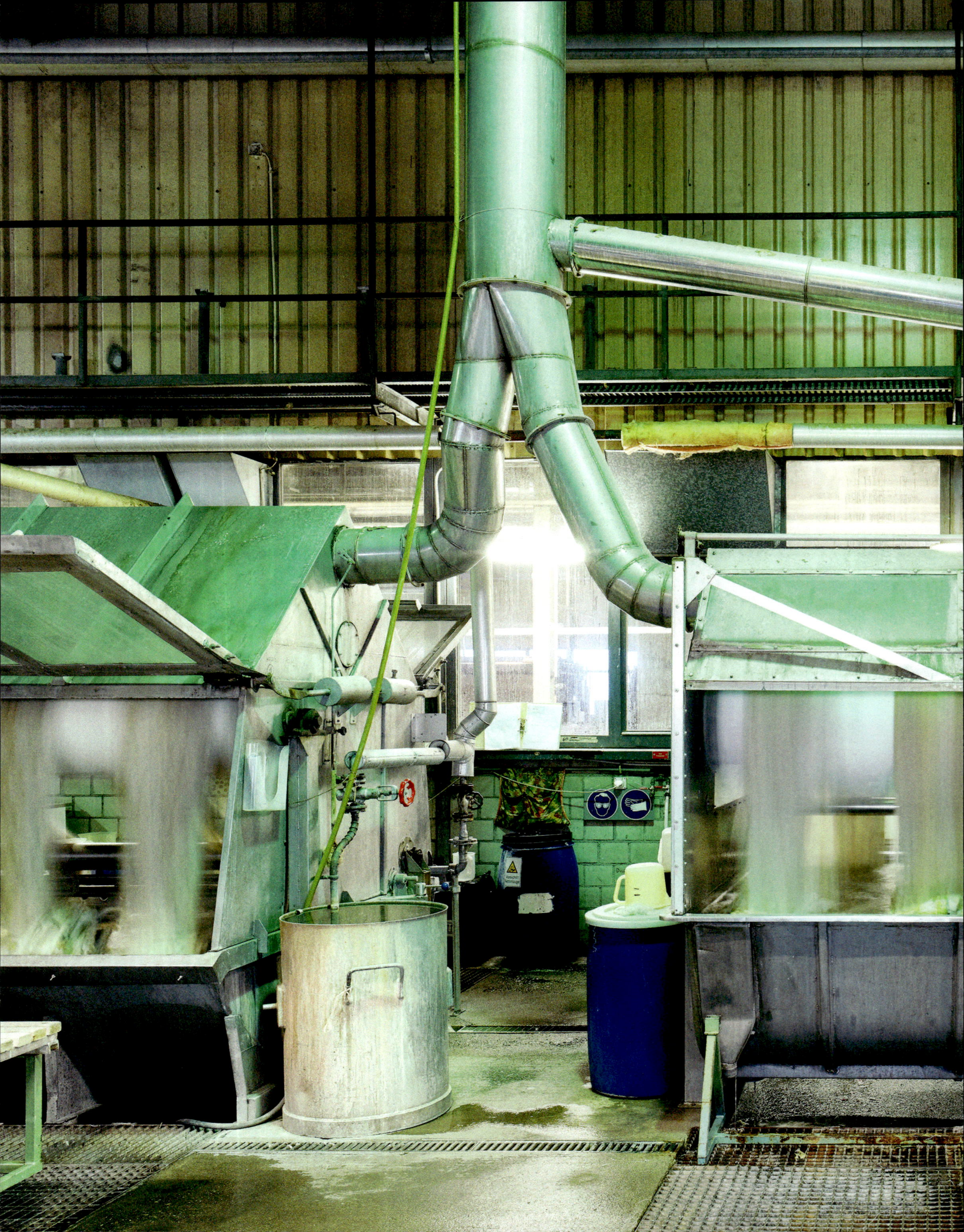

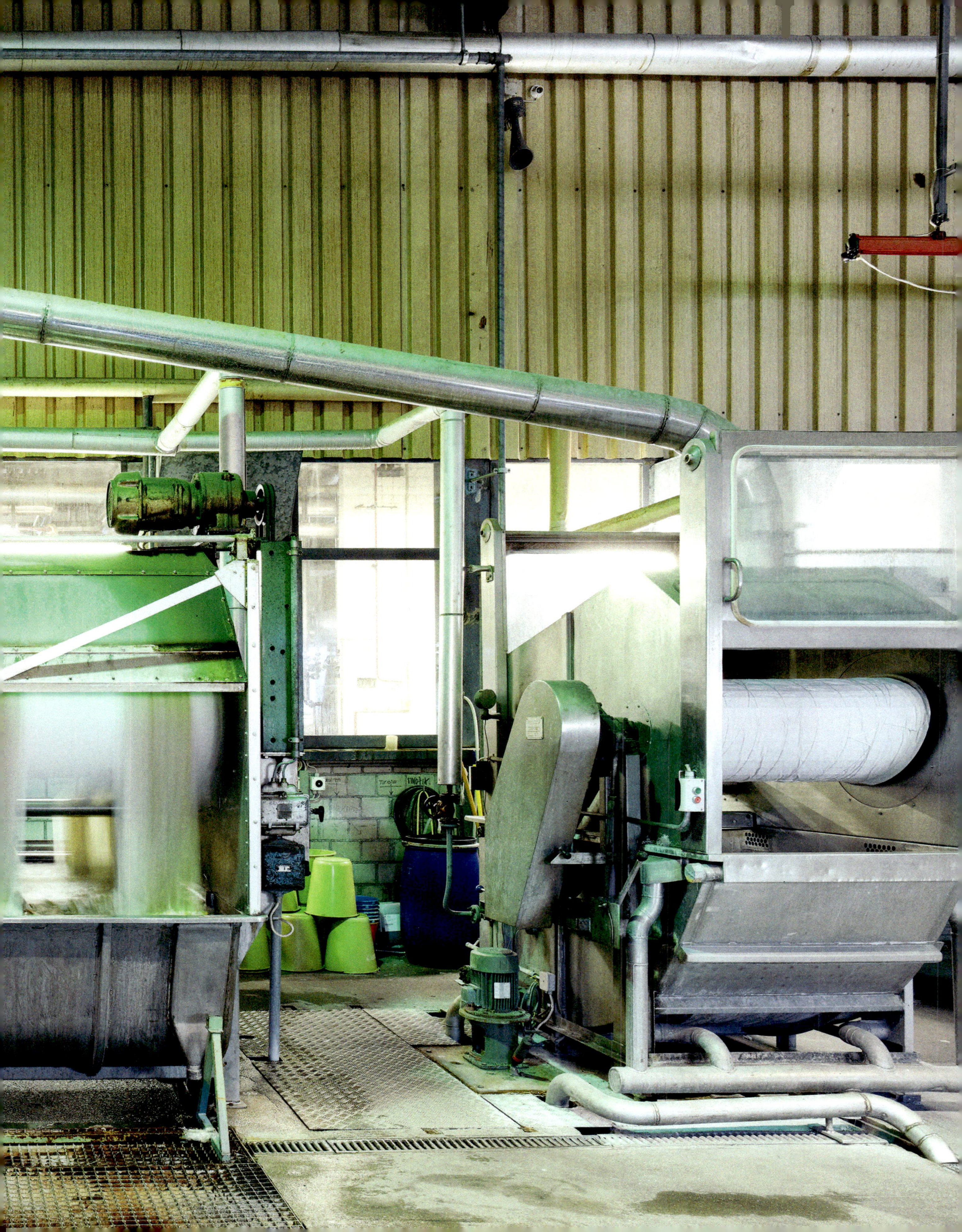

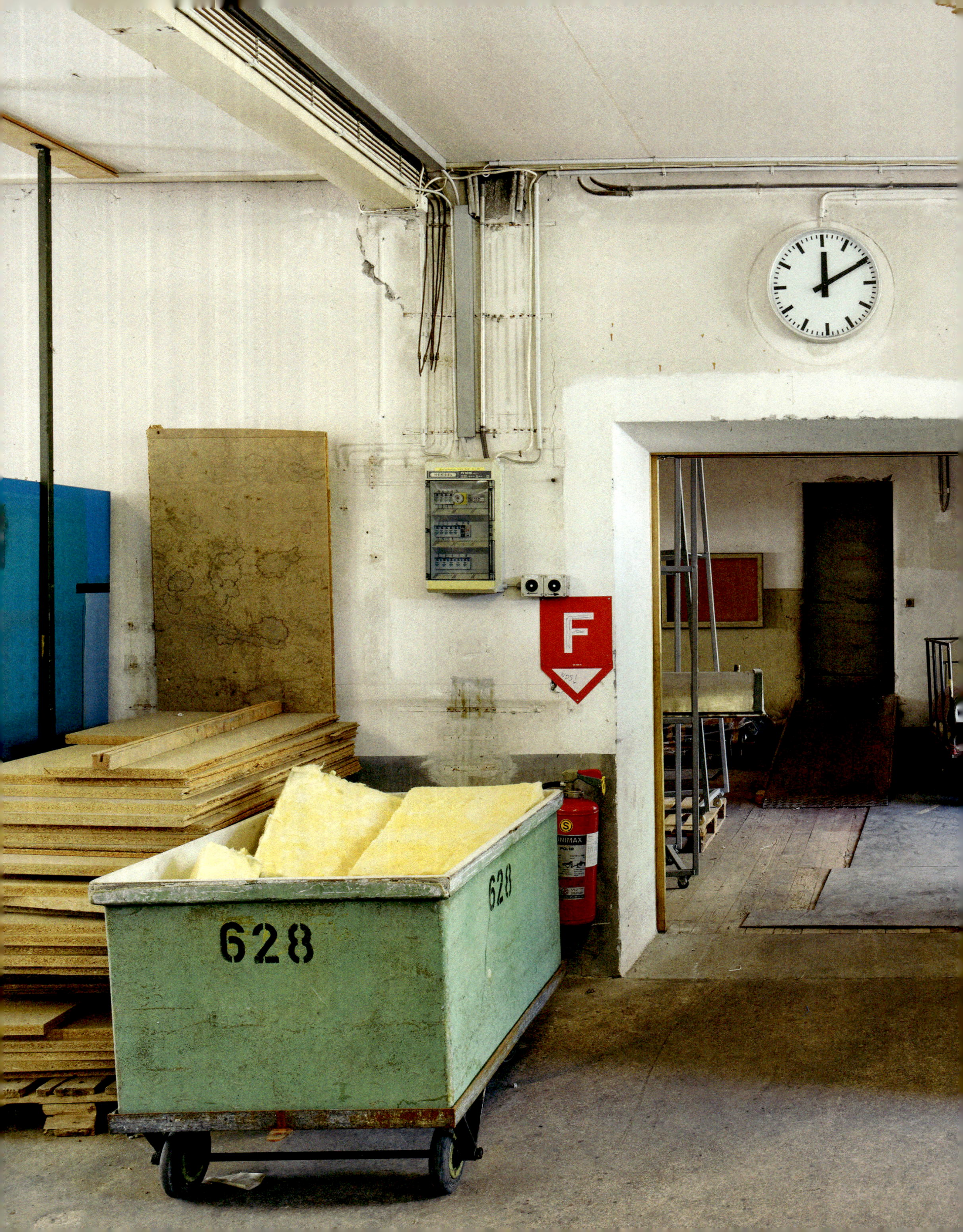
F
628
628

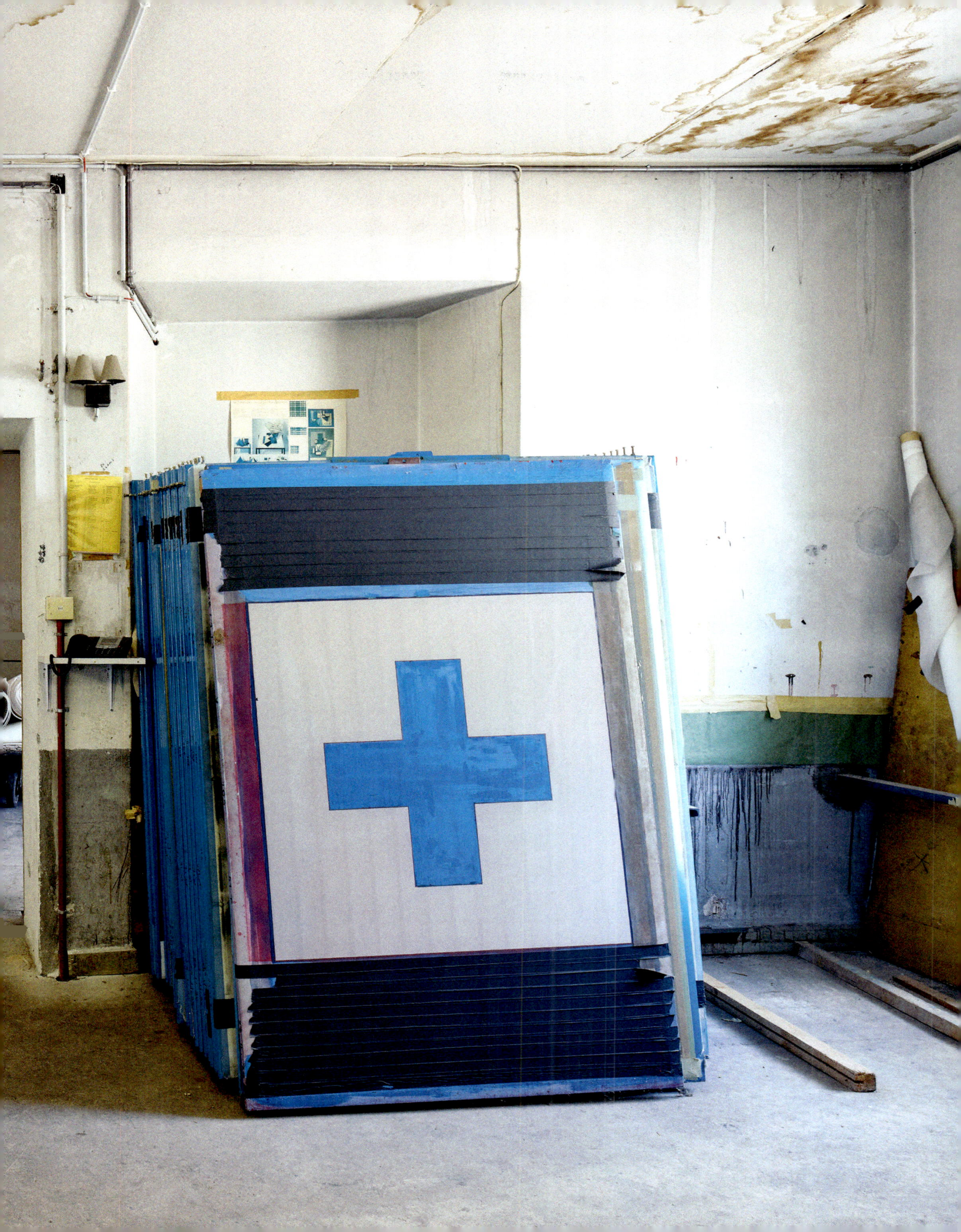

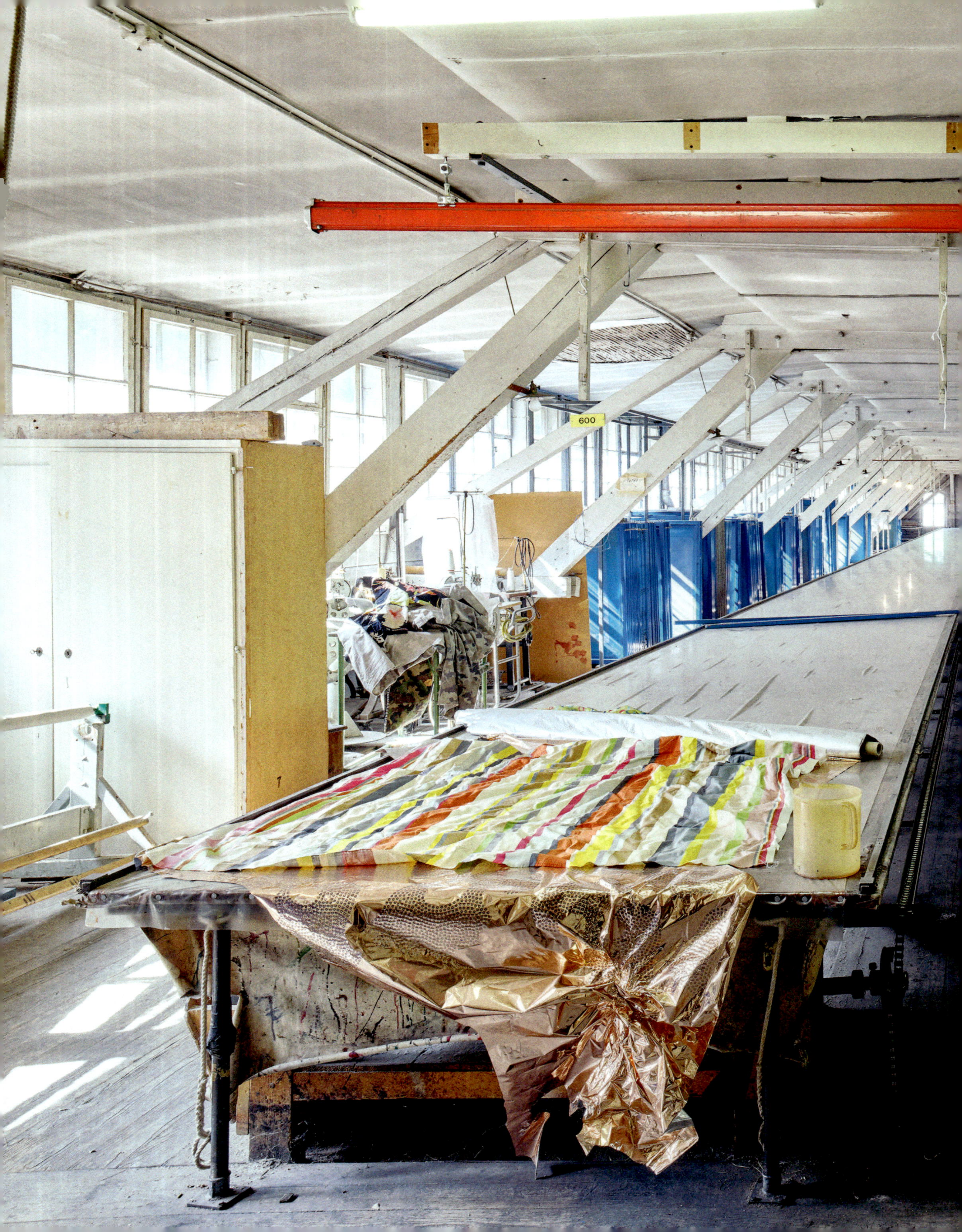
600

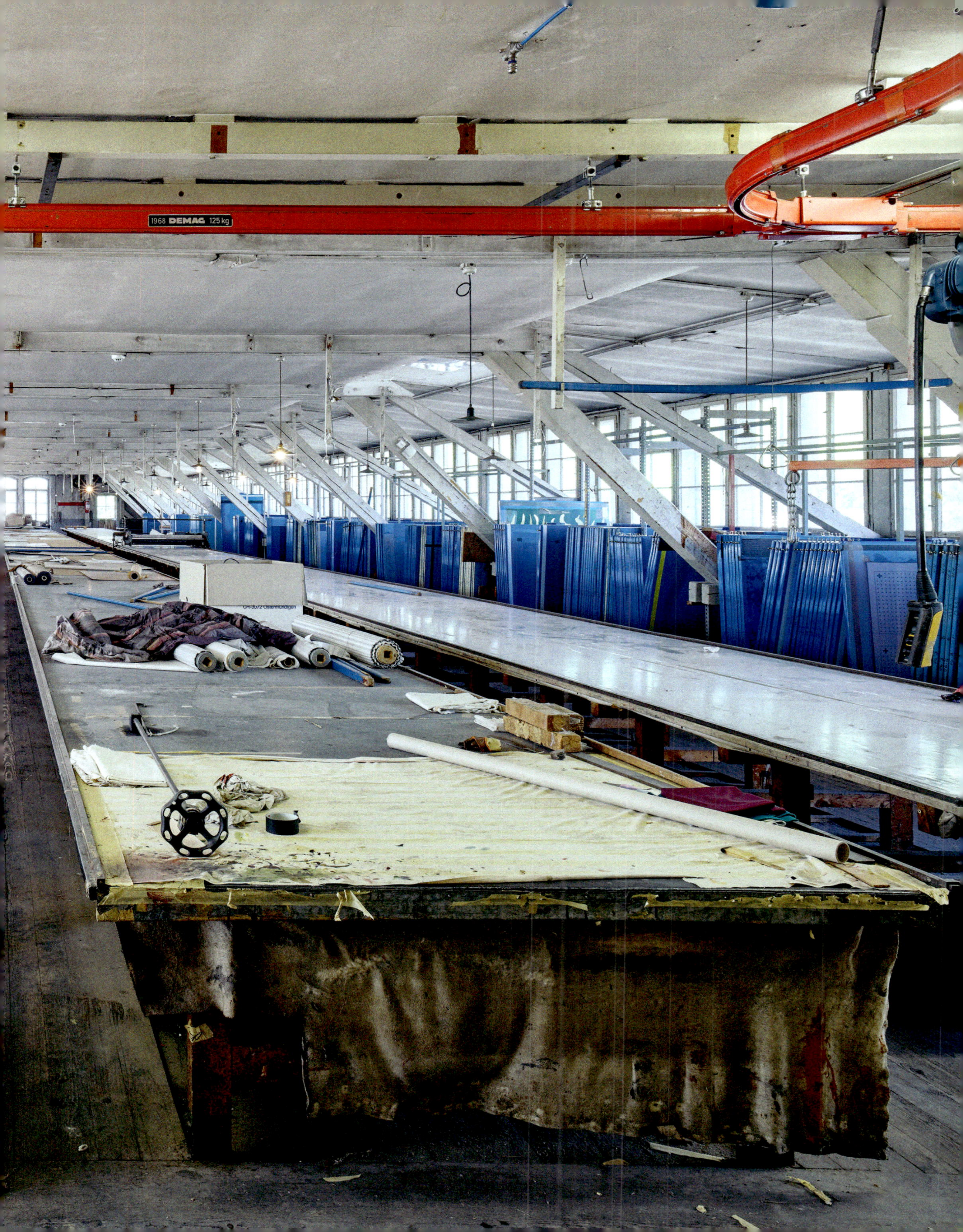
1968 DEMAG 125 kg

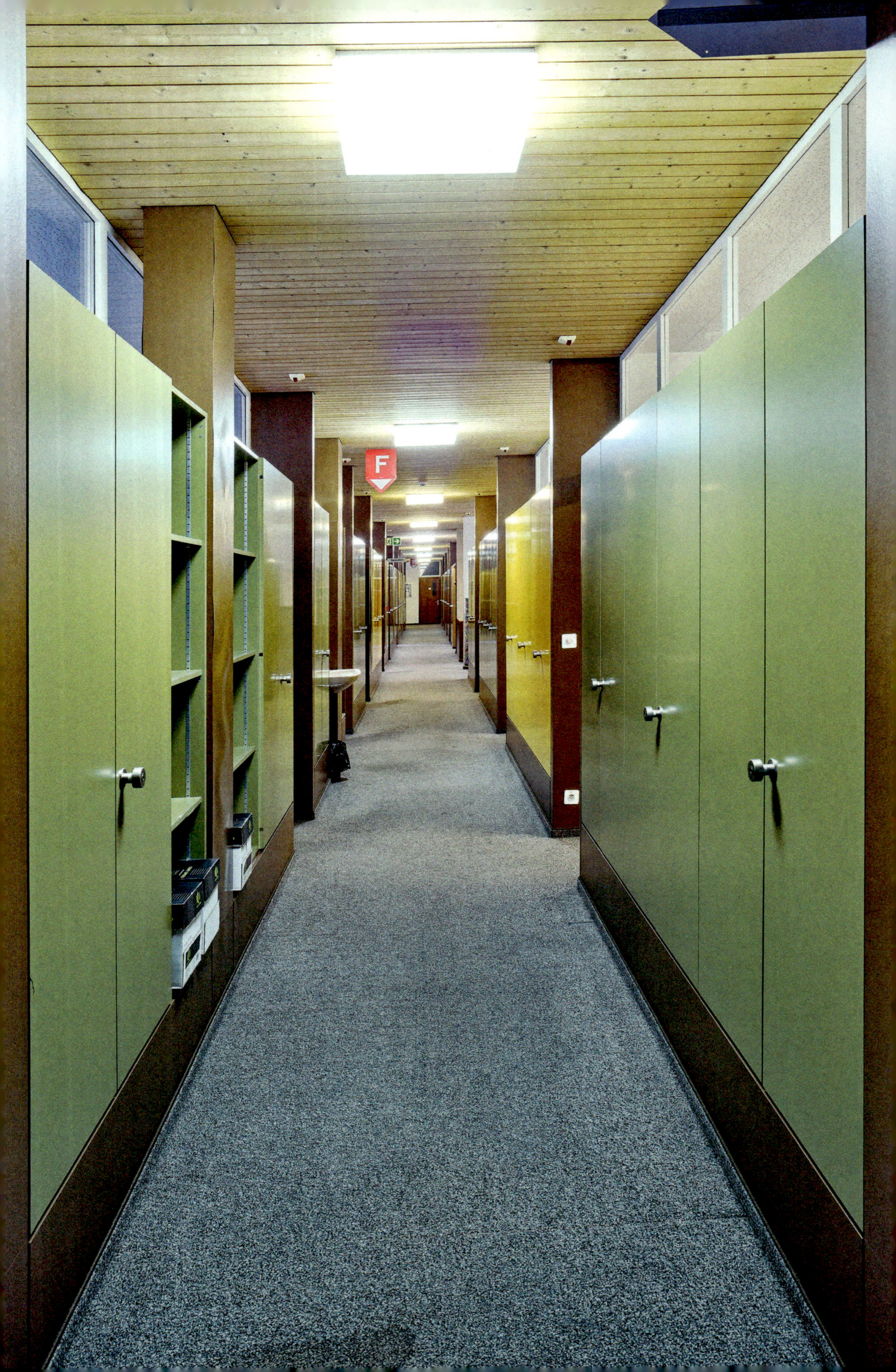
F

KUNSTWERKE AUF STOFFEN

Der gedruckte Entwurf einer Künstlerin oder eines Künstlers für einen Stoff ist immer sichtbar. Die Namen der Entwerfenden sind hingegen meist unbekannt, da nur die Marke, die den Stoff verarbeitet, ihren Namen präsentiert. Ausnahmen waren die Künstlerinnen und Künstler der Wiener Werkstätten oder der französische Maler Raoul Duffy (1877–1953). Die Konverter kauften meist von freien Künstlern oder Designstudios Entwürfe oder unterhielten eigene Ateliers.

Die Inspirationsquellen dieser Entwerferinnen und Entwerfer für ihre künstlerischen Arbeiten waren mannigfaltig: So wurden Alltagsbegegnungen, Beobachtungen in der Natur, Anregungen durch Arbeiten anderer Künstlerinnen und Künstler oder ganz einfach ein Auftrag des

Seit Jahrhunderten sind immer wieder alltägliche Dinge für Künstlerinnen und Künstler eine grosse Inspiration. Für den Entwurf dieses Rosenmusterstoffes bildete ein Ausschnitt aus einem Werbeprospekt für Edelrosen den künstlerischen Ausgangspunkt. Gedruckt als ein mit Lurexfäden durchzogener Rosenmusterstoff, strahlt dieses Gartenkatalogfragment nun Noblesse und Glamour aus.

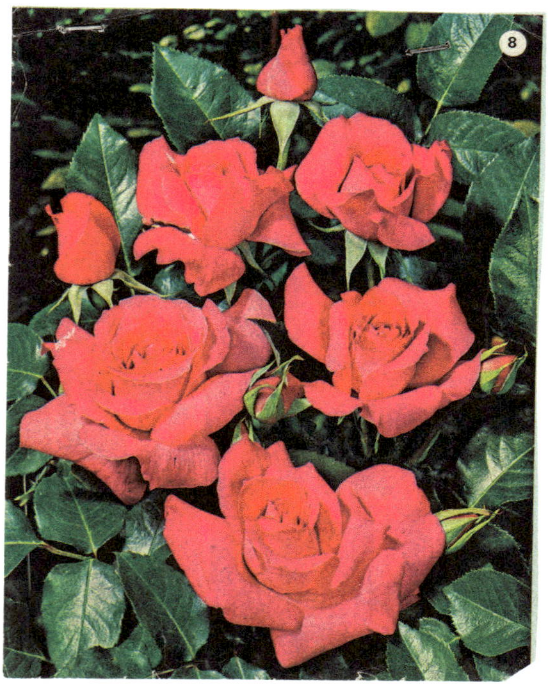

Seitenfragment aus einem Gartenkatalog, Entwurfsgrundlage für das Druckdessin Nr. 50 003, um 1990

Stoffmuster in zwei Farbstellungen, Dessin Nr. 50 003, 1991

H

2776. 260

11

12

Patrons in einem Stoffentwurf umgesetzt. Anschliessend musste der Entwurf auf die Anwendbarkeit für den Textildruck geprüft werden. Der Designer Erich Biehle beschreibt diesen Vorgang so: «In meinem Atelier hatte ich einen grossen Spiegel und konnte mit dem Dessin vor diesen Spiegel getreten. Jetzt sah ich meine Arbeit so, wie man sie später auf dem Stoff und dann auf dem Laufsteg sah. Und dann wirkte es plötzlich ganz anders.»[10]

Diese Entwürfe wurden dann, fast immer ohne Künstlersignatur, vom Konverter an die Textildruckereien weitergegeben und dort auf die gewünschte Grundware gedruckt.[11] Die Seidendruckerei retournierte den bedrucken Stoff direkt an den Konverter, der ihn den Modehäusern für die Sommer- oder Winterkollektionen präsentierte. So blieben nicht nur der Name der Druckerei ungenannt, sondern auch die Künstlerin oder der Künstler des Stoffdessins.

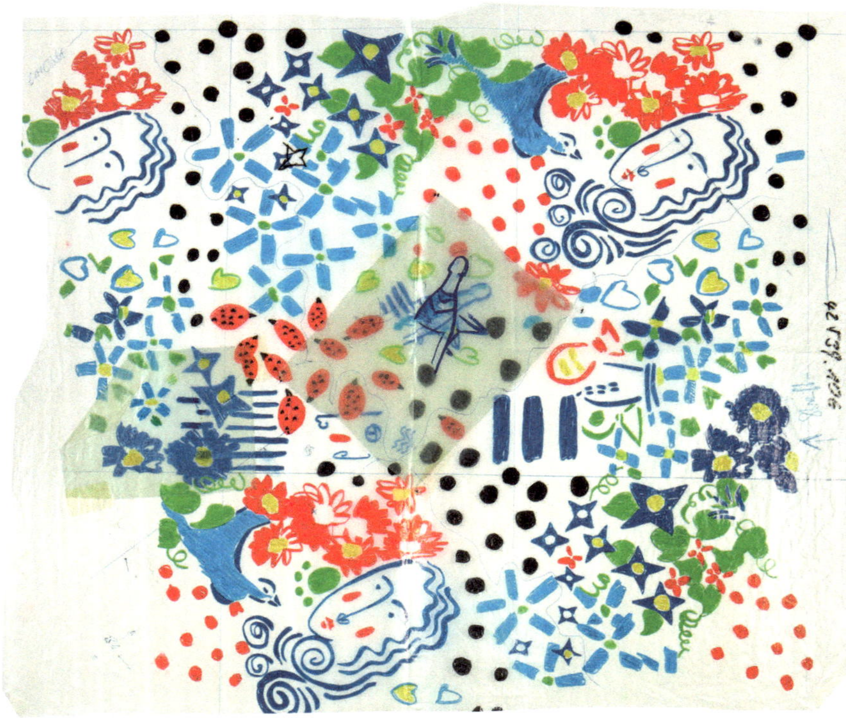

Vielleicht war die Ausstellung mit Werken von Henry Matisse im Herbst 1986 in der Pariser Galerie Adrien Maeght eine Inspiration für die unbekannte Künstlerin oder den Künstler dieses Entwurfs. Wie Matisse erstellte sie oder er Collagen in heiteren Farben und schuf so eine Matisse-Hommage, die als Sommerkleid getragen werden konnte.

Unbekannt, Entwurf des Dessins Nr. 42 539.106 für Emil Blickensdorfer AG, Zürich, 1985

Stoffmuster, Seidenjacquard des Dessins Nr. 42 539.106 für Emil Blickensdorfer AG, Zürich, 1985

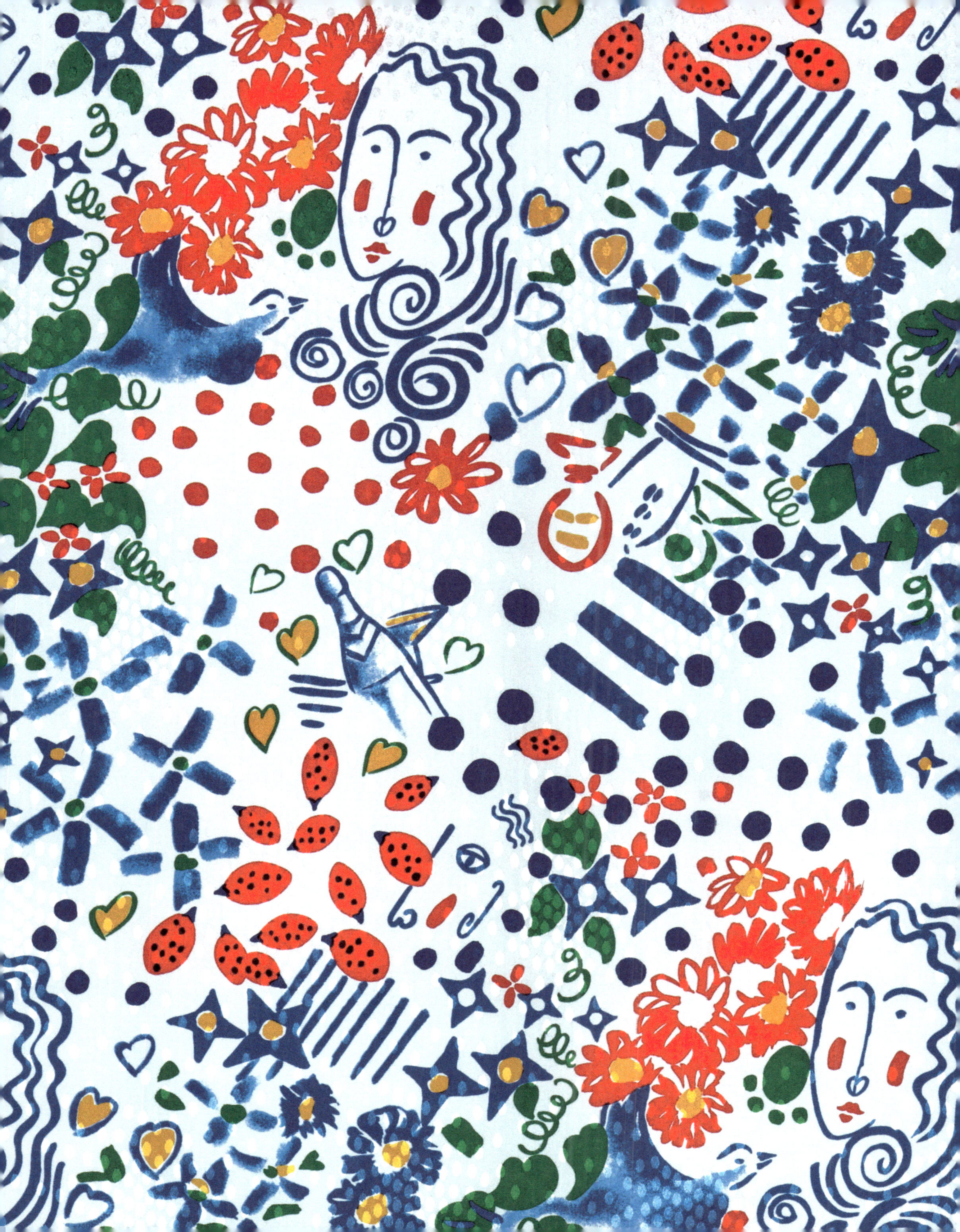

Häufig wurden Stoffe mit grosser Ornamentik für Haute-Couture-Kleider, -Röcke oder -Blusen verarbeitet. Damit die Schnitte musterkonform umgesetzt werden konnten, entstand beim Zuschnitt stets nicht mehr zu verwendender Stoff. Das schmälerte den Verdienst der Schneiderinnen und Schneider. So wurde es üblich, für die Prêt-à-porter-Kollektionen diese Haute-Couture-Muster zu verkleinern, sodass bei der Umsetzung weniger Verschnitt anfiel.

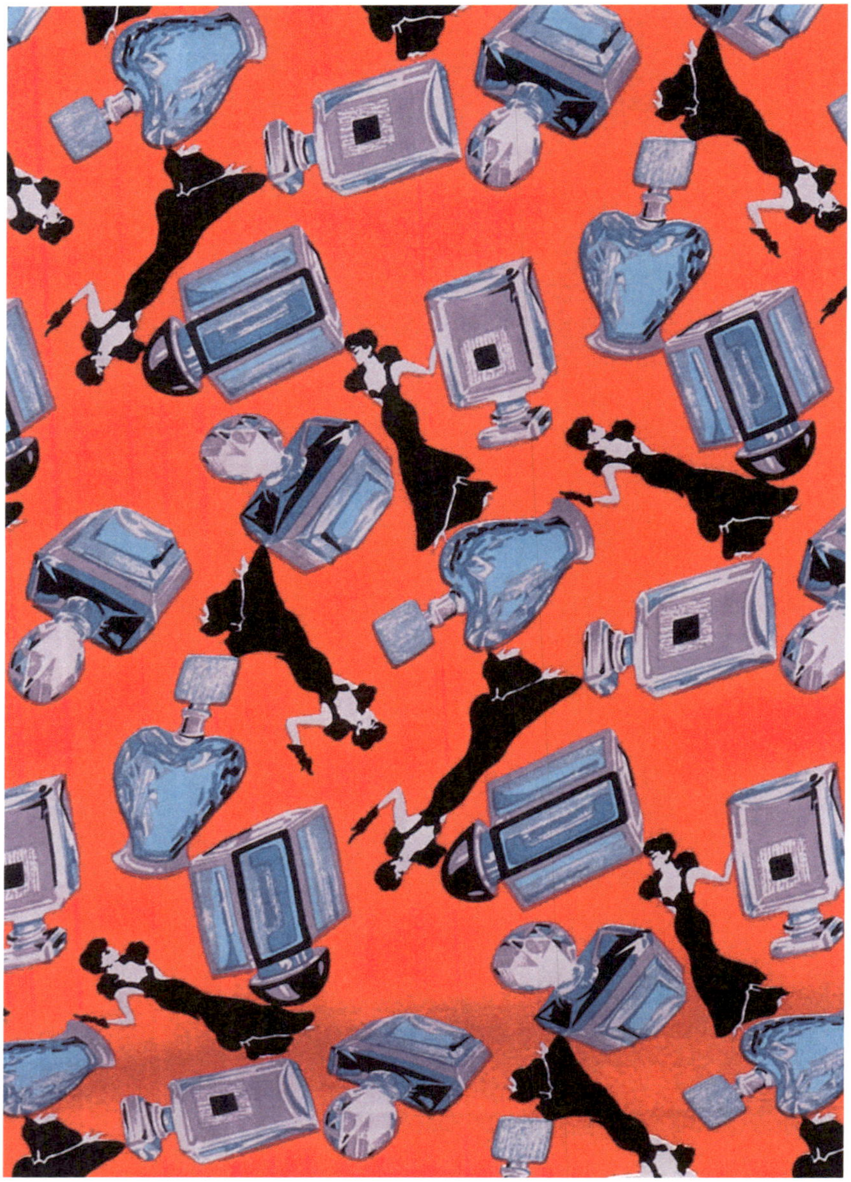

Stoffmuster, Seidentwill des Dessin Nr. 41 545. 106, bedruckt für Emil Blickensdorfer AG, Zürich, 1986/1987

Studio Linea Elle, Entwurf für Emil Blickensdorfer AG, Zürich, Dessin Nr. 41 545.106, 1986/1987

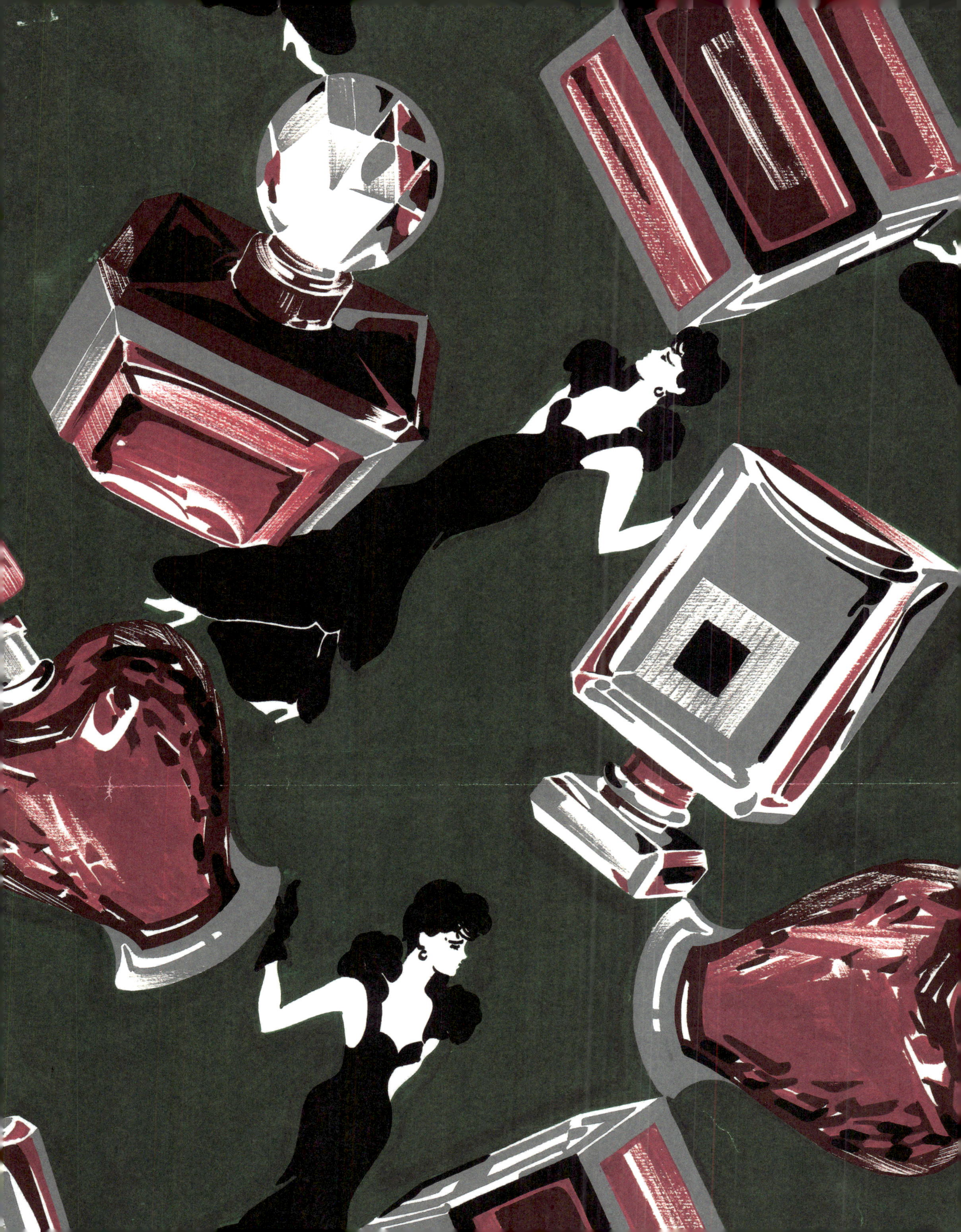

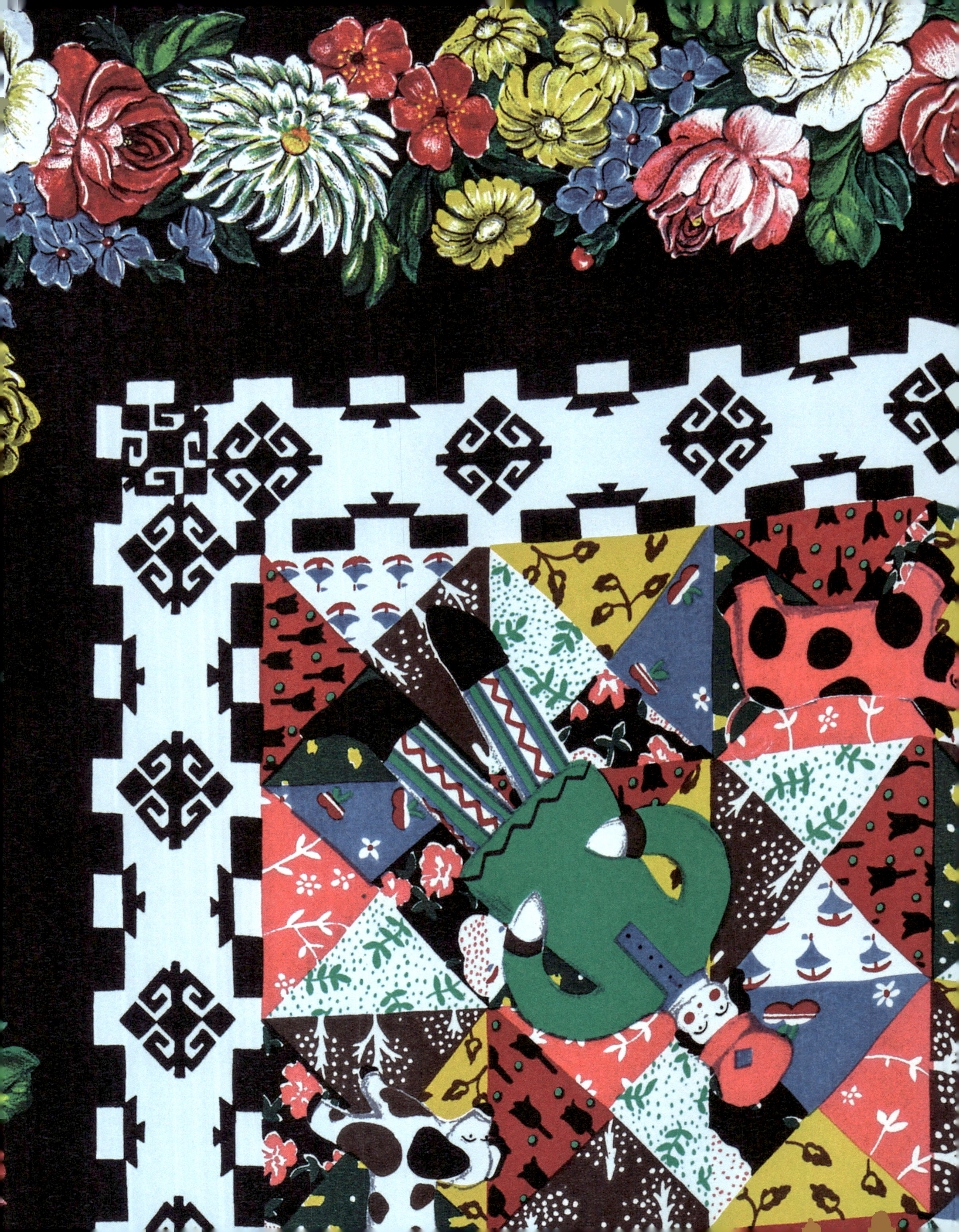

Die Schweizer Seidenfirma Fabric Frontline stand für extravagante, engplatzierte figürliche Motive. Aus diesen Stoffen fertigte man Kleider, Foulards oder Krawatten. In den 1990er Jahren waren die Seidenprodukte von Fabric Frontline das It-Piece einer ganzen Generation.

Stoffentwurf für ein Foulard von Charles Jourdan Paris, Dessin Nr. 46 756.112, beauftragt von Fabric Frontline AG, Zürich, 1990 (links)

Stoffmuster für ein Crêpe-de-Chine-Foulard von Charles Jourdan Paris, Dessin Nr. 46 756.112, 1990, beauftragt durch Fabric Frontline AG, Zürich (unten)

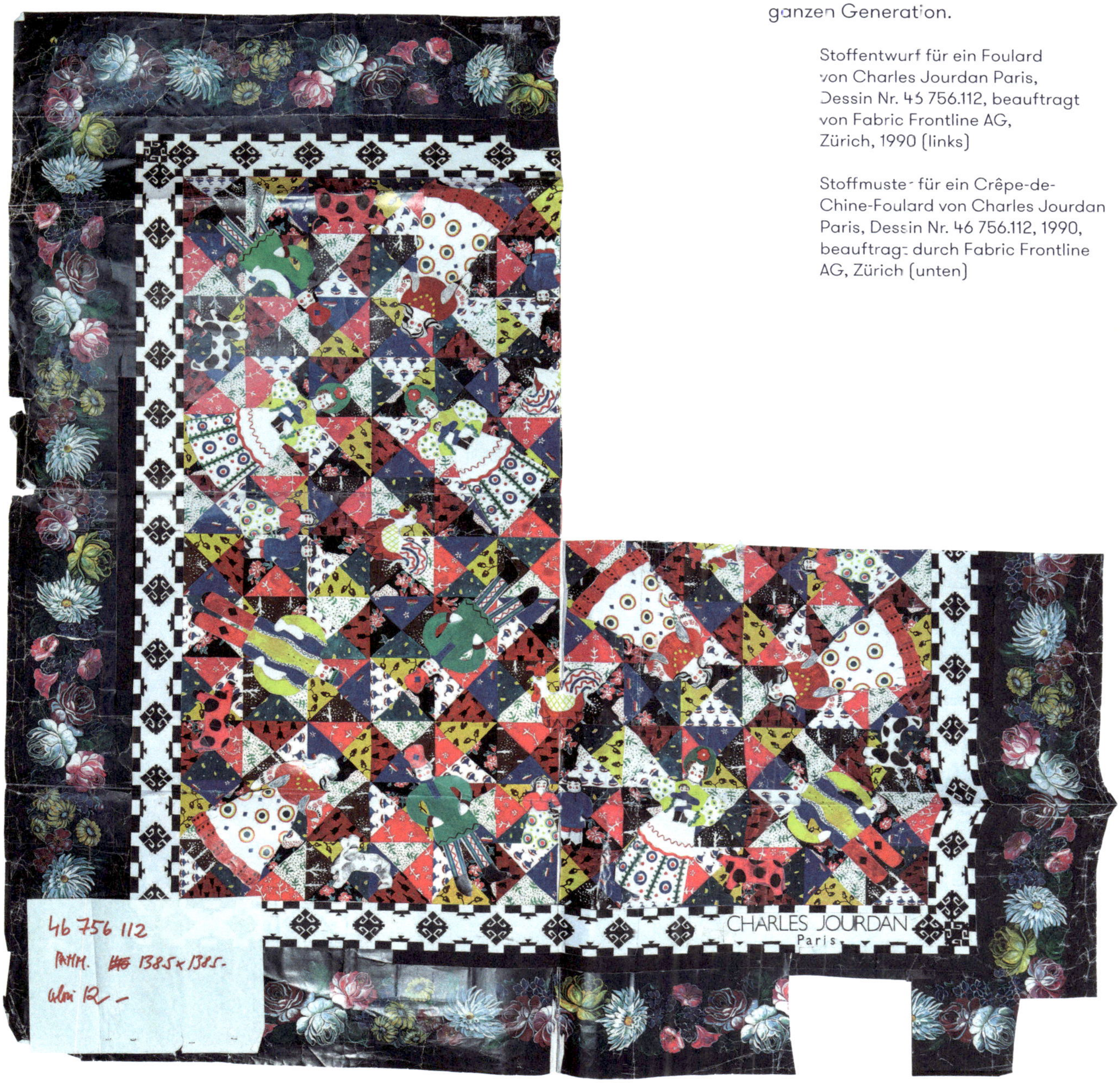

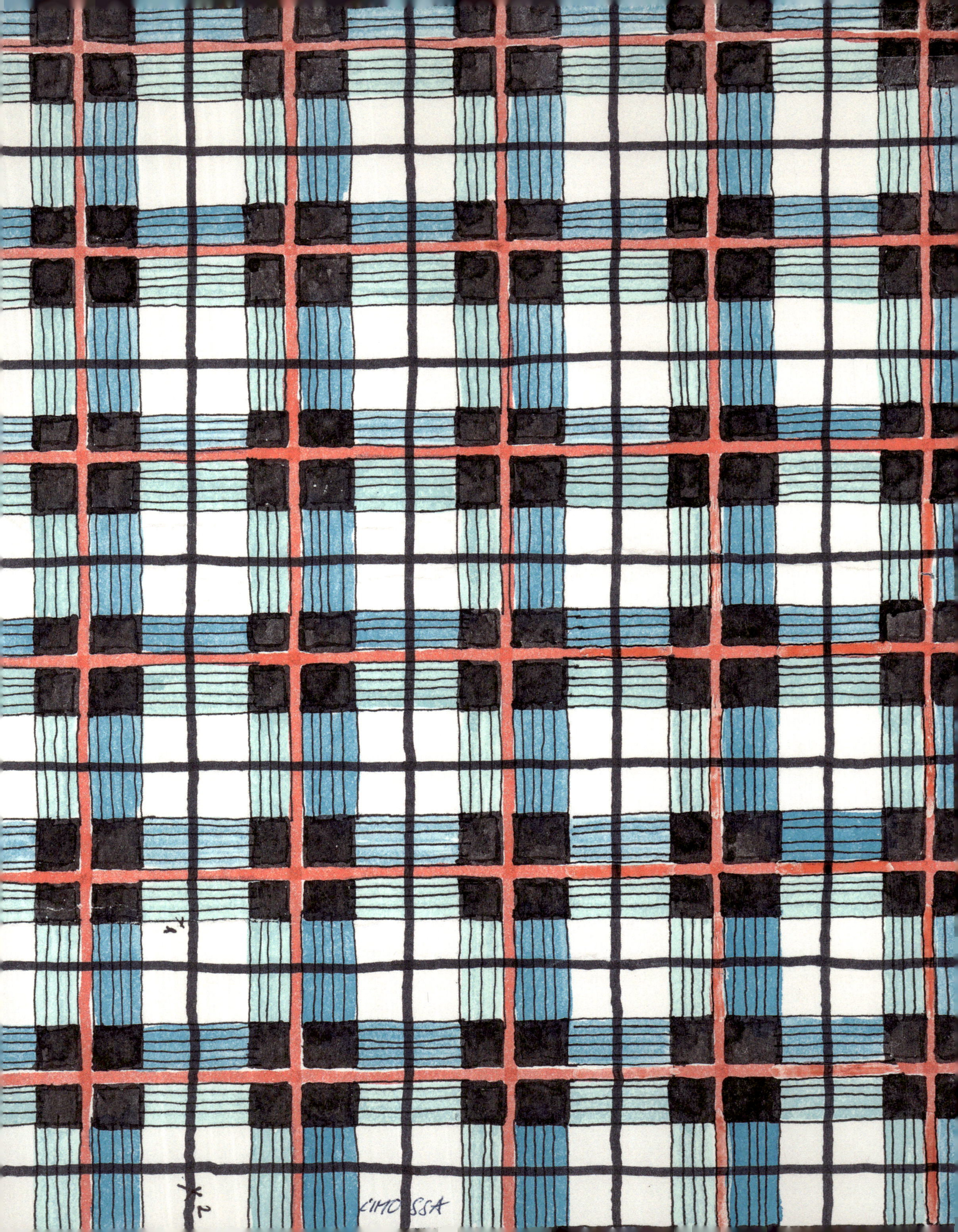
CIMOSSA

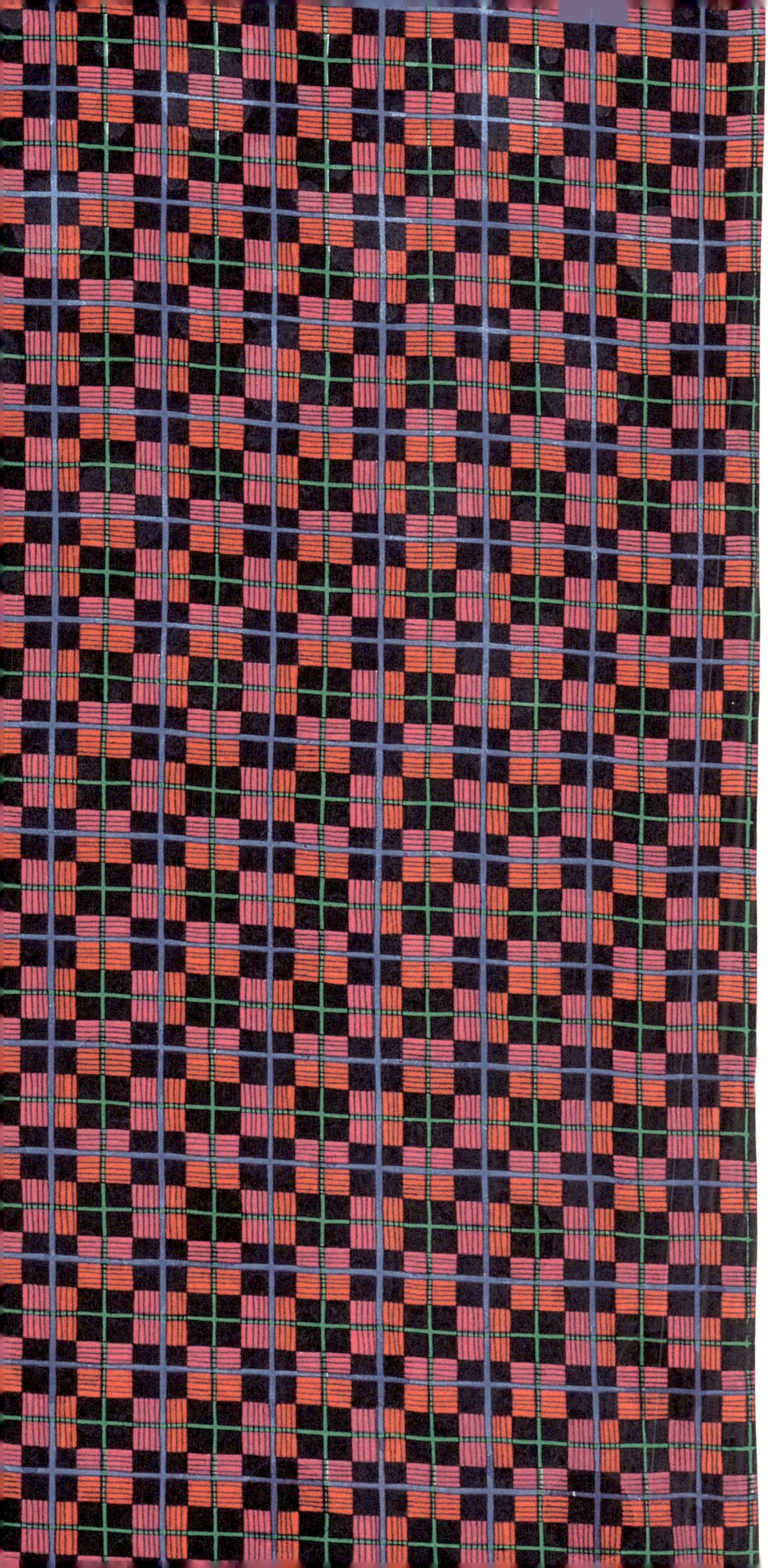

Eine besondere Hausforderung für Druckerinnen und Drucker ist der sogenannte fadengerade Druck von geometrischen Mustern, da die vielen im rechten Winkel verlaufenden Linien jede noch so geringe Ungenauigkeit sichtbar machen. Aus diesem Grund wird der zu bedruckende Stoff mit Thermoplast* auf dem Drucktisch fixiert, um so Verschiebungen des Stoffes beim Druck zu vermeiden.

Unbekannt, Entwurf für Emil Blickenstorfer AG, Zürich, Dessin Nr. 42 545, 1988

Stoffmuster, Seide mit eingewobener Musterung, Dessin Nr. 42 545, für Emil Blickenstorfer AG, Zürich, 1988

STOFFE FÜR DIE GROSSEN COUTURIERS

Modeschöpfer wie Yves Saint Laurent, Emanuel Ungaro und Hubert de Givenchy statteten über viele Jahre ihre Kollektionen mit Stoffen aus, die in Mitlödi bedruckt wurden. Vermutlich wussten diese Designer nicht, dass viele Stoffe ihrer erfolgreichen Kollektionen aus dem Glarner Tal stammten. Konverter – wie zum Beispiel die Zürcher Firmen Abraham, TACO oder BLICO – boten den Haute-Couture-Häusern zweimal im Jahr Stoffkollektionen an. Der Designer wählte dann, oft für einen bestimmten Schnitt, den Stoff nach Muster und Gewebeart aus.

Wenn ein Stoff zu einem glamourösen Ensemble verarbeitet über den Laufsteg schwebte, schlugen nicht nur die Herzen der betuchten Käuferinnen höher, sondern auch jene der Druckerinnen und Drucker in Mitlödi.

Offenbar zufrieden mit der Modenschau zeigt sich Yves Saint Laurent gemeinsam mit einem Mannequin bei der Präsentation der Sommerkollektion 1969 auf diesem Foto von Georges Hernad. Das Mannequin trägt ein Kleid aus einem Stoff, der in der Seidendruckerei Mitlödi in verschiedenen Farbstellungen produziert wurde.

Georges Hernad, Doppelporträt, Yves Saint Laurent mit Mannequin bei der Präsentation der Sommerkollektion 1969, 1968

Stoffmuster, Seidentwill in zwei Farbstellungen, Dessin Nr. 12718/4, vierfarbig bedruckt nach einem Entwurf von Erich Biehle, 1968

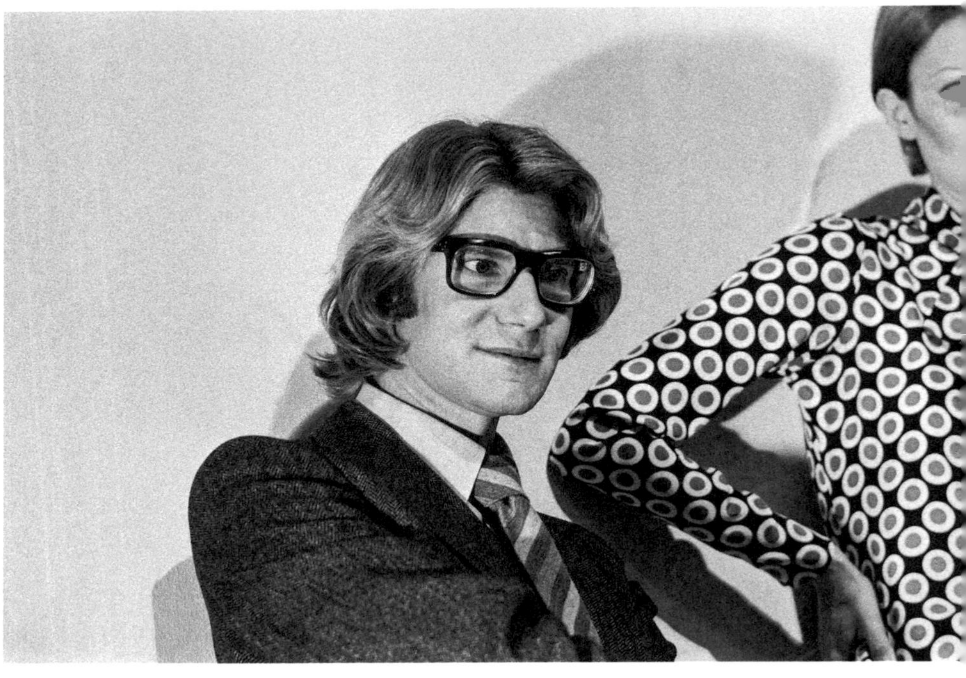

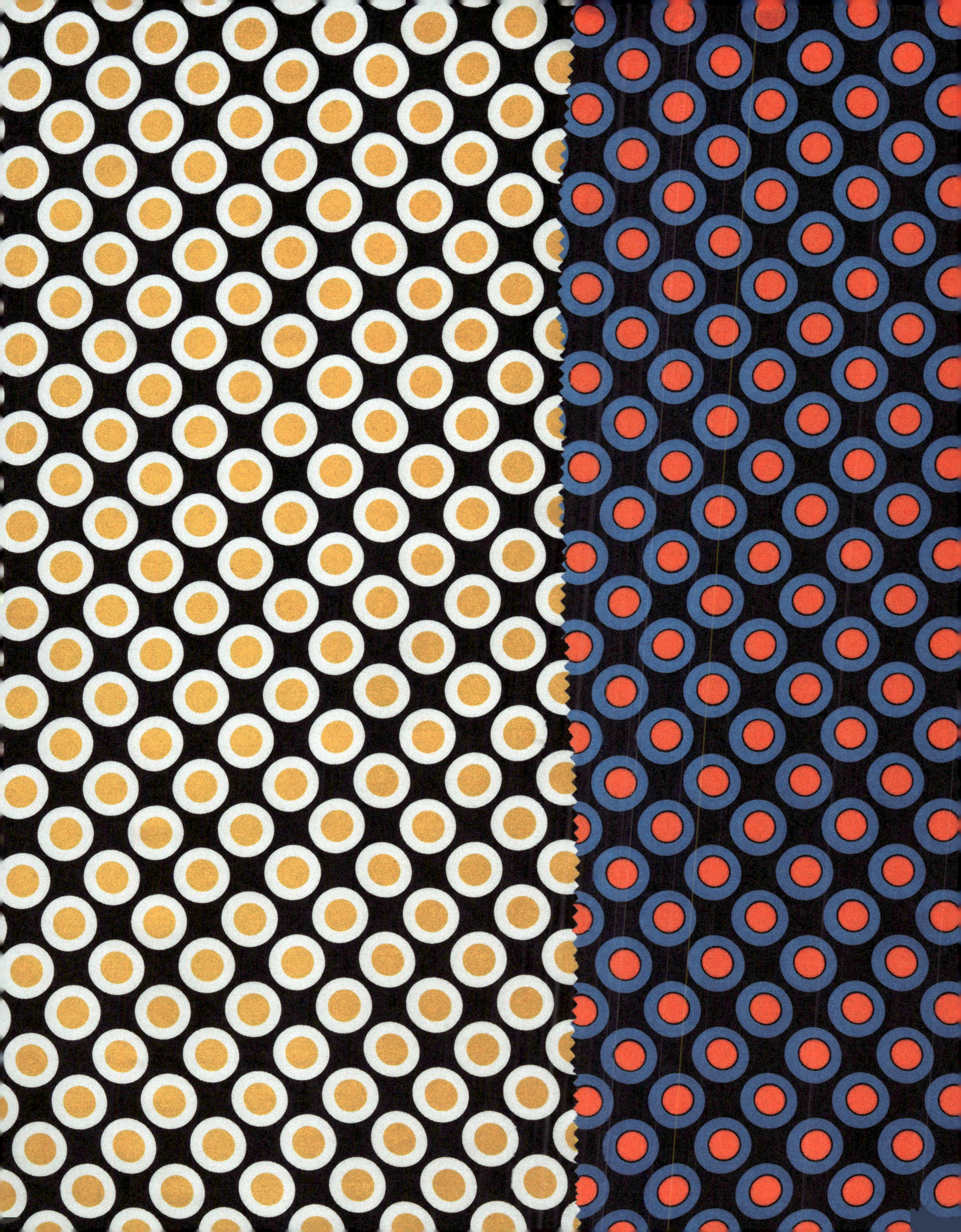

Das 1963 in New York gegründete Modehaus Geoffrey Been war bekannt für die Verwendung ungewöhnlicher Stoffe in seinen Kollektionen. Kundinnen wie Nancy Reagan, Faye Dunaway oder Glenn Close liebten diese Stilbrüche. Für das gezeigte schwarz-weisse Kleid der Sommerkollektion 1967 verwendete Been einen Baumwollpiquétstoff, der häufig für Poloshirts verwendet wird. Diese Gewebeart brachte das von Erich Biehle geschaffene und in Mitlödi gedruckte grafische Dessin besonders plastisch zur Geltung.

Hiro (Yasuhiro Wakabayashi), Agneta Darin und Magnola Witt in Kleidern von Geoffrey Beene, New York, 1967

Stoffmuster, Baumwollpiqué, Dessin Nr. 120560/2, bedruckt nach einem Entwurf von Erich Biehle, 1966

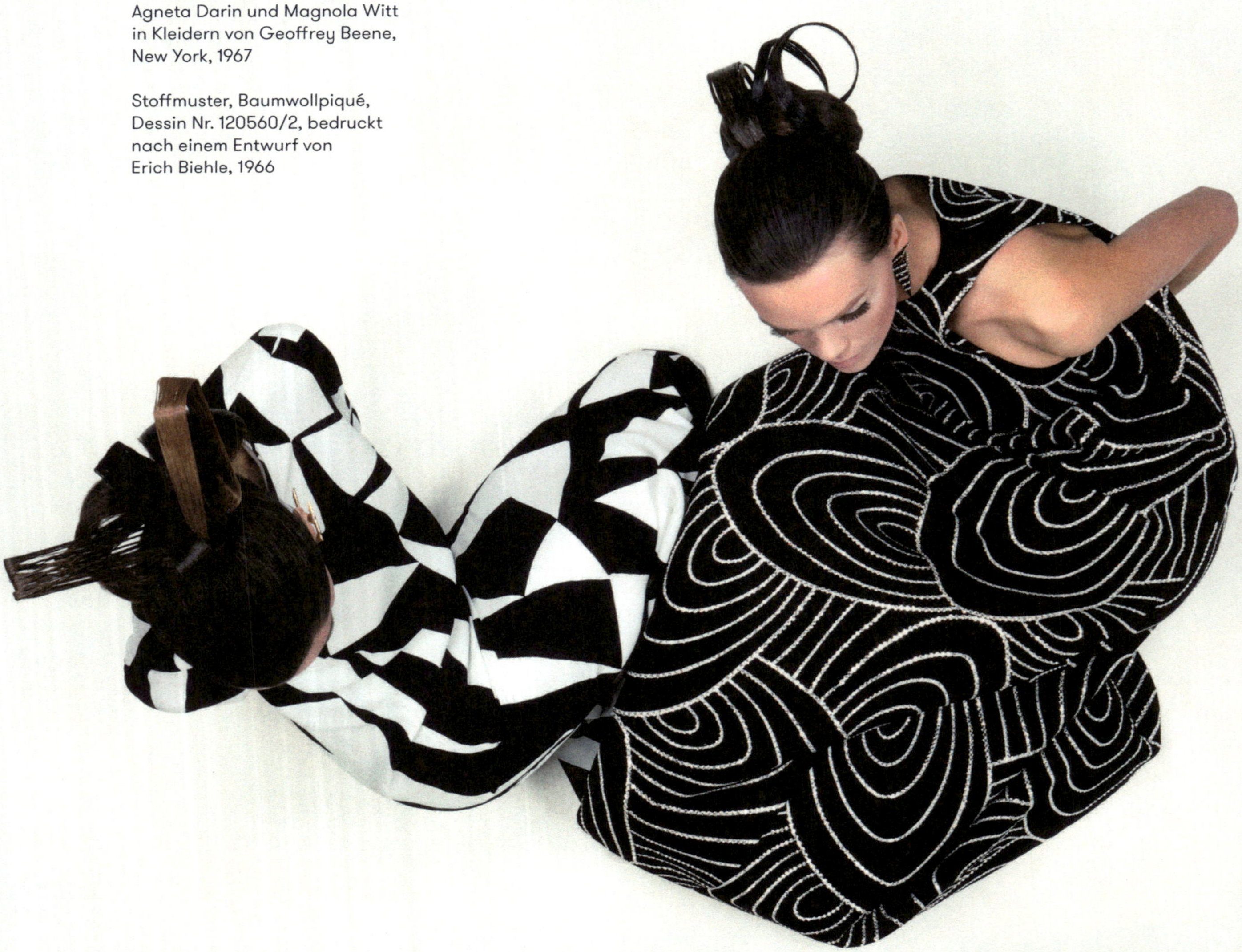

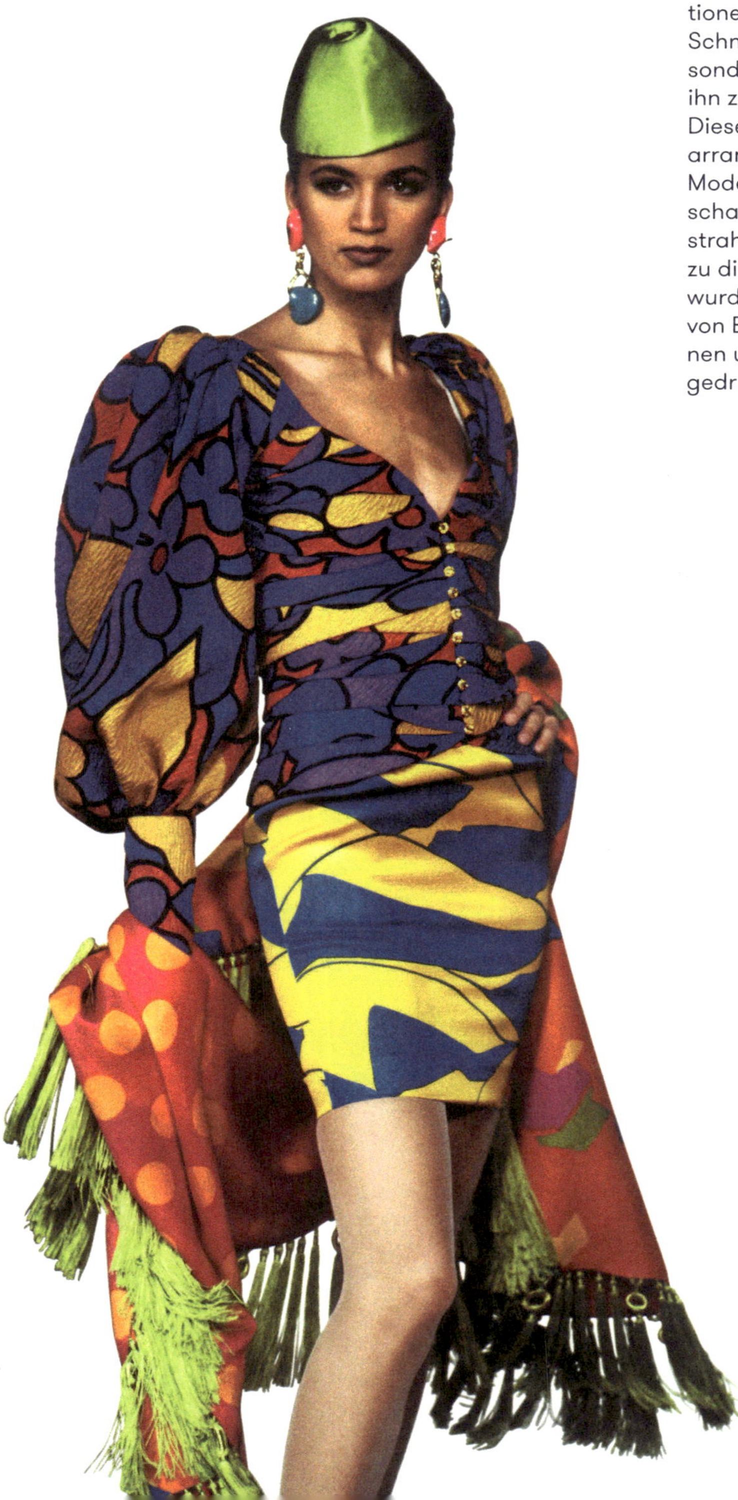

Die farbenfrohen Roben von Emanuel Ungaro (1933–2019) wirkten oft wie «Blumensträusse zum Anziehen».[12] Für seine Kreationen benötigte der gelernte Schneider keinen Skizzenblock, sondern nur einen Stoff, der ihn zu einem Schnitt inspirierte. Diesen Stoff legte, faltete und arrangierte er so lange an einem Model, bis er ein Ensemble geschaffen hatte, dass die Trägerin strahlen lies. Der Stoff, der Ungaro zu diesem Ensemble inspirierte, wurde nach einem Entwurf von Erich Biehle von den Druckerinnen und Druckern in Mitlödi gedruckt.

Etienne Tordoir, Porträtaufnahme eines Models bei der Präsentation der Sommerkollektion von Emanuel Ungaro 1991, 1990

Stoffmuster, Seidenchiffon, bedruckt nach einem Entwurf von Erich Biehle, im Auftrag der Abraham AG, Zürich, 1990

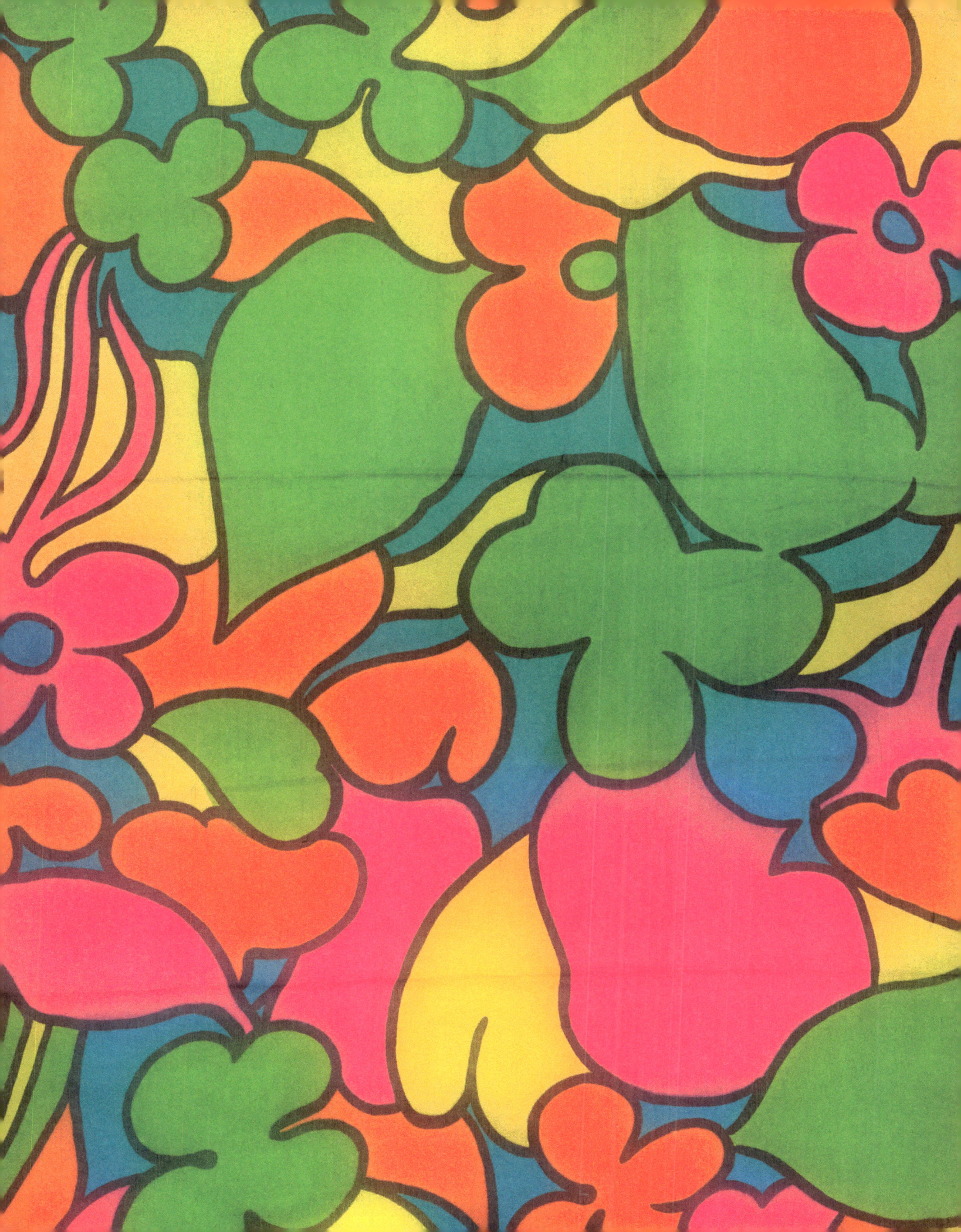

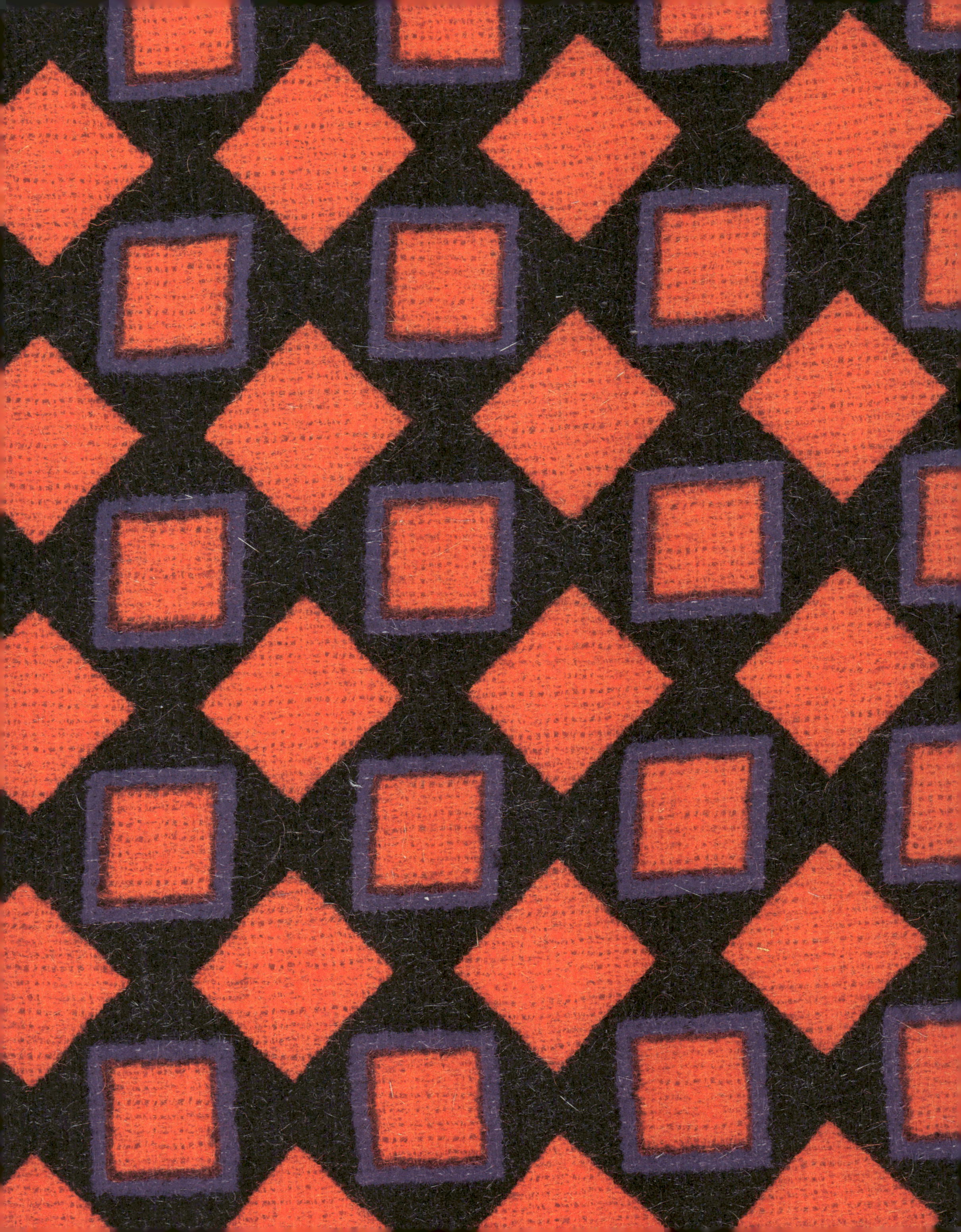

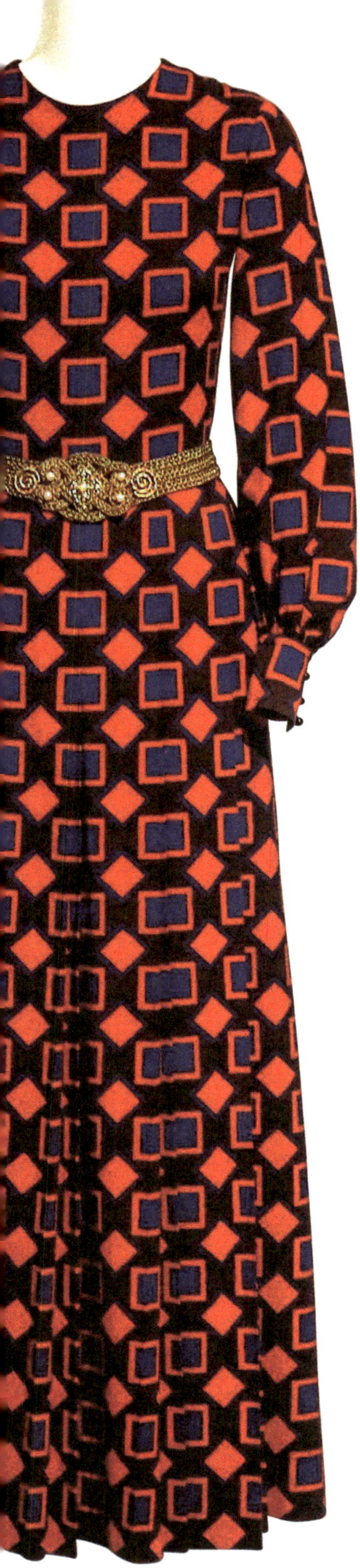

GRUNDSTOFFE

Die Auftraggeber übergaben der Seidendruckerei Mitlödi die Grundgewebe, auf denen die Dessins gedruckt werden sollten. Gewoben wurden diese Stoffe oft in Schweizer Webereien wie der Schwarzenbach AG in Thalwil, der Gessner AG in Wädenswil und in Seidenwebereien in Rüti oder in Wald. Alle Stoffe trugen von den Konvertern kreierte Bezeichnungen. Die Zürcher Abraham AG etwa bezeichnete ihre Stoffe mit besonders poetischen Namen, die die Kostbarkeit der Gewebe unterstrichen: «Gazar», «Biribi», «Duchesse», «Diva», «Matelassé lamé» oder «Charlus» waren die märchenhaften Stoffnamen der Grundgewebe.

Die Anforderungen an das Bedrucken dieser unterschiedlichen Qualitäten waren hoch: Ein vielschichtig gewobener Wollstoff durchzogen mit glitzerndem Lurexgarn musste ebenso präzise bedruckt werden wie ein hauchzartes Seidengewebe. Vor dem Druck von vielen Laufmetern erstellten die Druckerinnen und Drucker zunächst in der Musterdruckerei Stoffmuster, die über Farbaufnahmefähigkeit und Sichtbarkeit der Ornamentik genau Auskunft gaben. Erst nach der Beurteilung dieser Musterdrucke wurden die Druckparameter für die Produktion festgelegt.

Häufig wurden die Druckereien damit beauftragt, einen Entwurf auf mehrere Stoffqualitäten zu drucken. Dieser Entwurf des Künstlers Erich Biehle wurde auf einen luftig gewobenen Wollstoff gedruckt, fand jedoch seine Aufnahme in die Winterkollektion von Yves Saint Laurent 1968/1969 auf einem Seidentwill-Stoff.

Stoffmuster, Wollgewebe, Dessin Nr. 12966/3, dreifarbig bedruckt nach einem Entwurf von Erich Biehle für Abraham AG, Zürich, 1968

Bodenlanges Kleid aus der Herbst/Winter-Kollektion 1968/1969 von Yves Saint Laurent

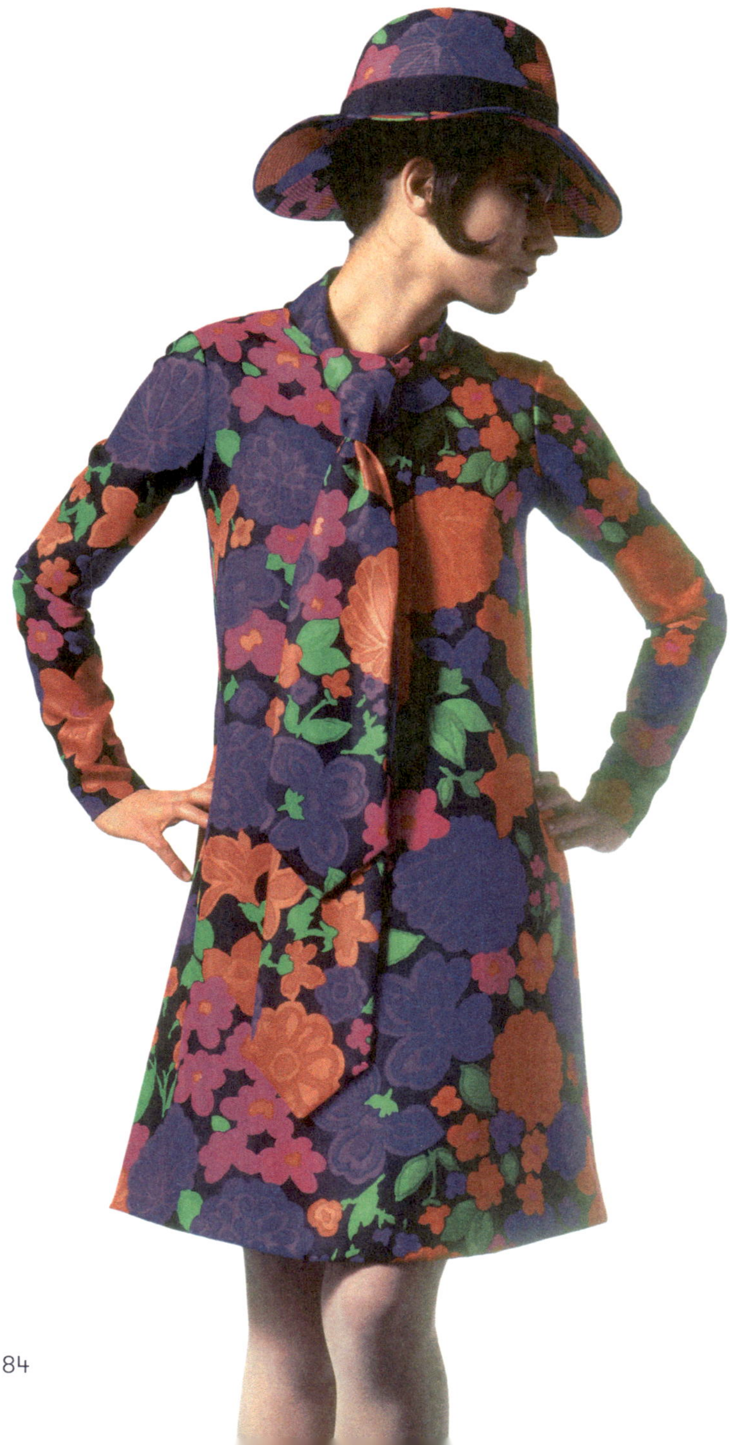

Wie auf einer dunklen Wasseroberfläche scheinen die farbigen Blütenköpfe zu schwimmen, die der in Luzern geborene Künstler Erich Biehle für diesen Stoff schuf. Die Umsetzung des Entwurfs gelang den Druckerinnen und Druckern in Mitlödi auf einem schwer fallenden Seidentwill. Yves Saint Laurent kreierte aus diesem Seidenstoff ein strenges Ensemble aus Damenhut und Krawattenkleid.

Tom Kublin, Porträtaufnahme eines Mannequins in einem Ensemble aus der Frühjahr/Sommer-Kollektion von Yves Saint Laurent, 1967

Stoffmuster, Seidentwill, Dessin Nr. 12186/9, neunfarbig bedruckt nach einem Entwurf von Erich Biehle für Abraham AG, Zürich, 1967

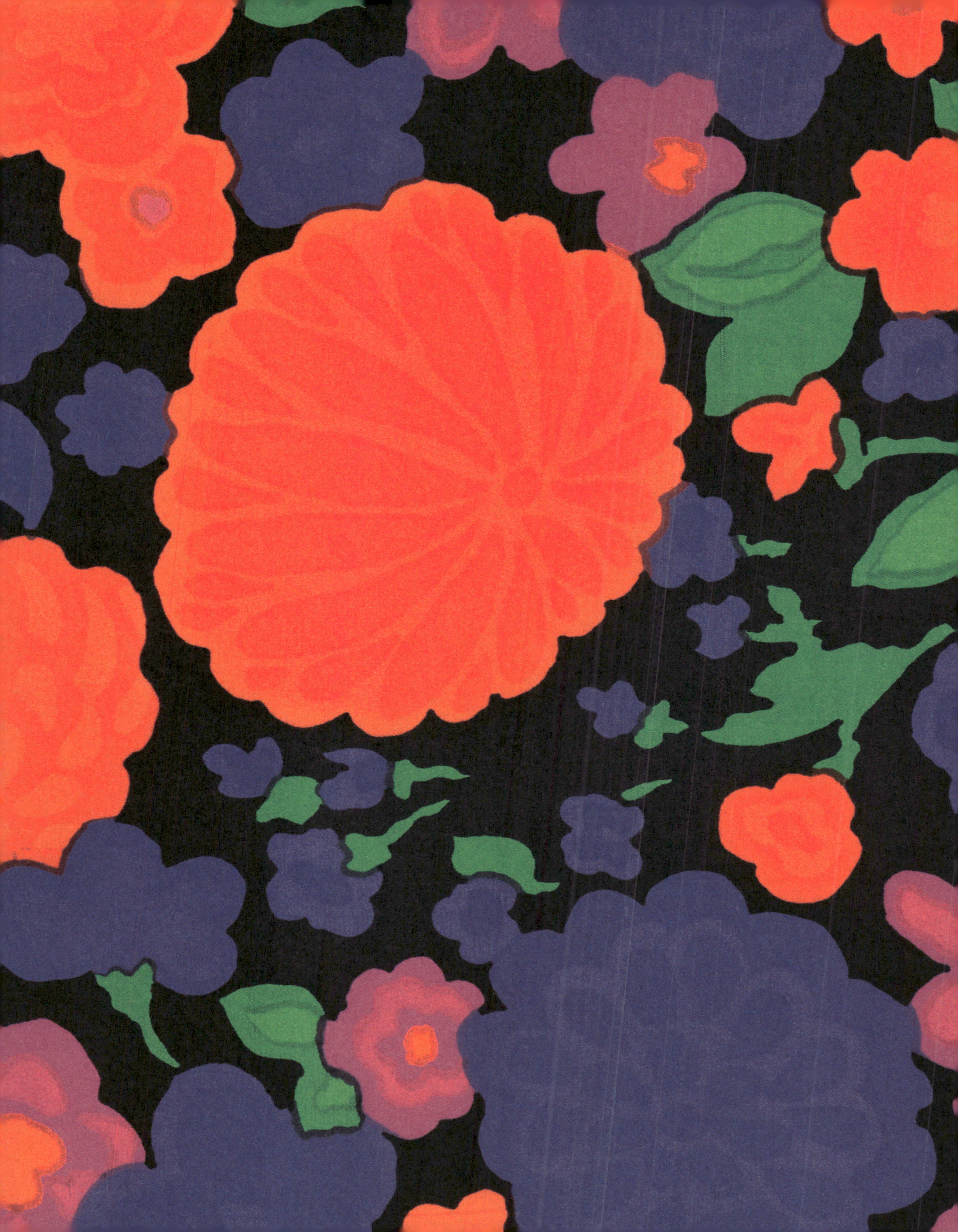

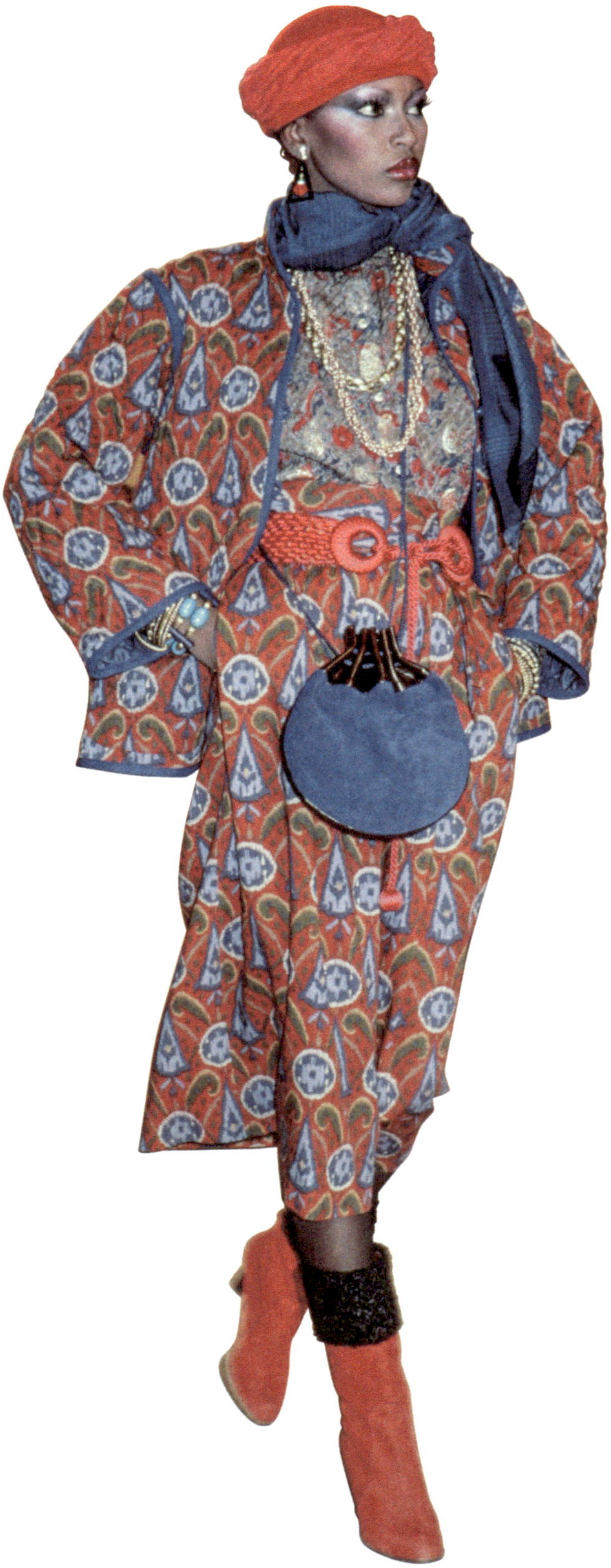

Viele Haute-Couture-Designer setzten ein erfolgreiches ikonisches Ornament in mehreren Kollektionen ein, drückte es doch klar sichtbar die Zugehörigkeit des Kleidungsstücks zu einem bestimmten Modehaus aus.

Paul van Riel, Porträtaufnahme aus der Präsentation der Hebst/Winter-Kollektion von Yves Saint Laurent 1979/1980, 1979

Stoffmuster, Seidentwill, zwei unterschiedliche Farbstellungen, Dessin Nr. 51030.105, für Abraham AG, Zürich, 1992

H

1266.131

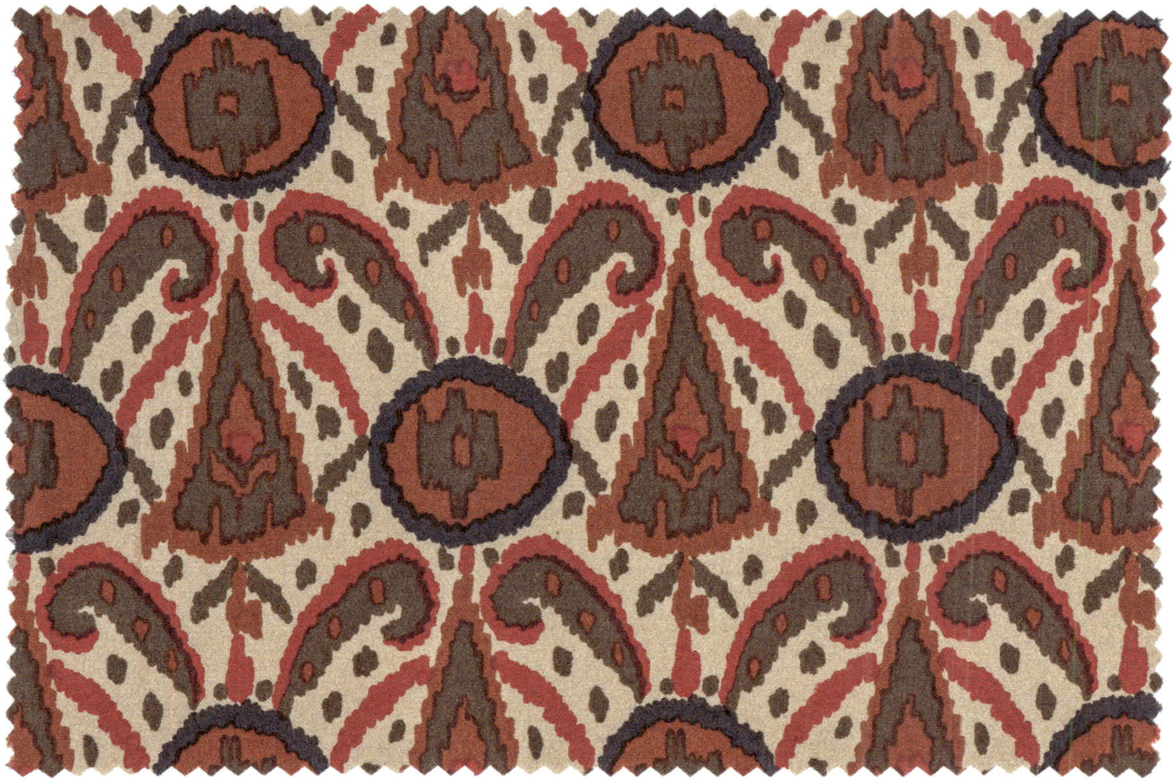

1

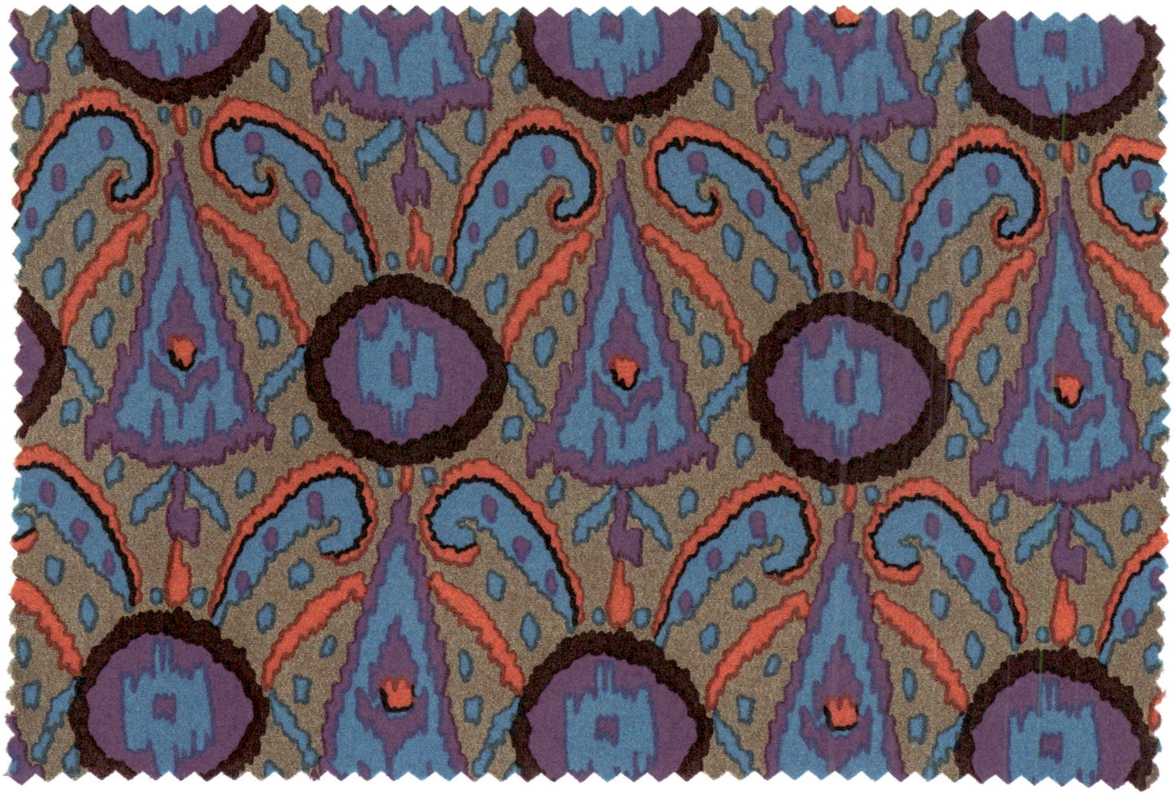

2

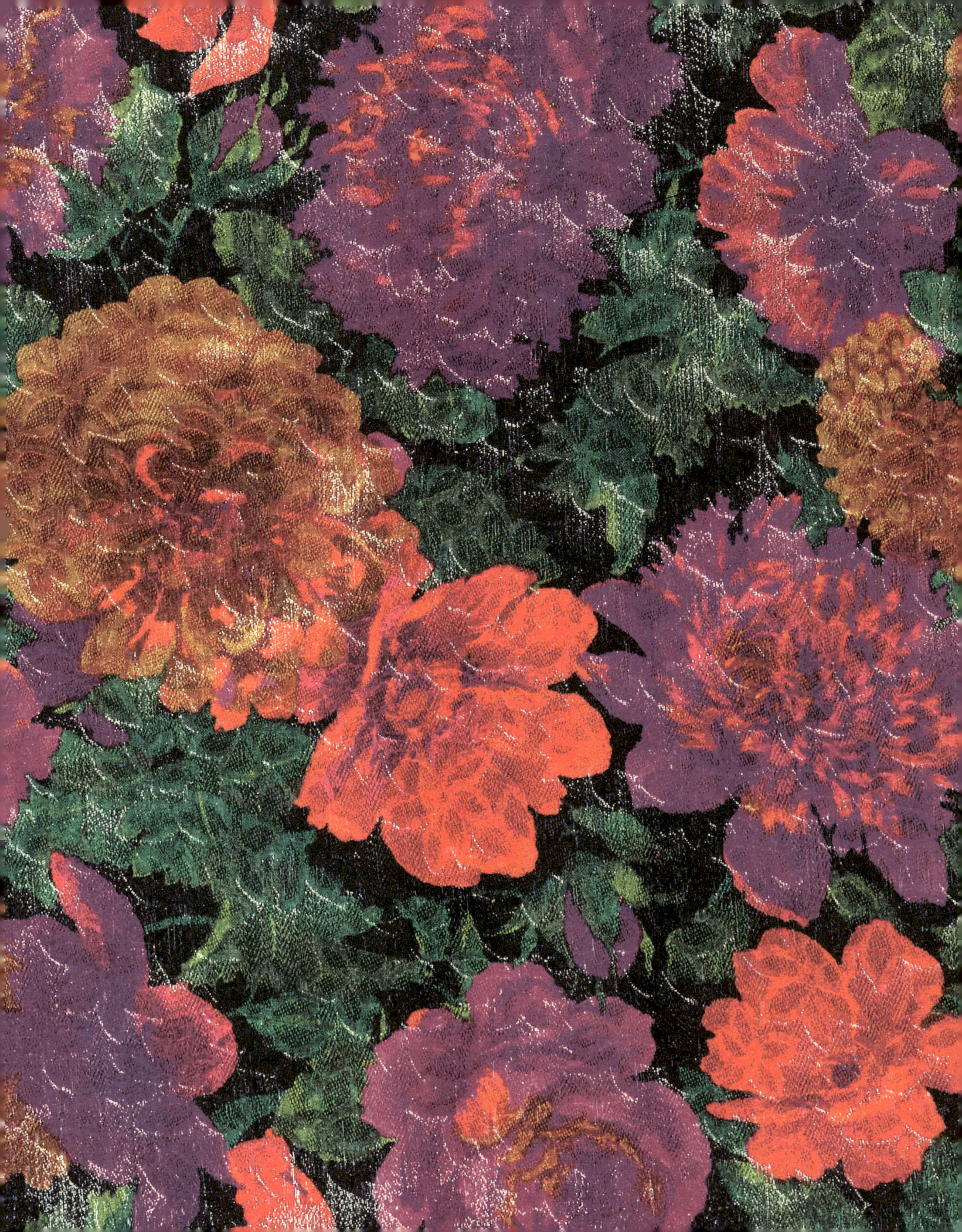

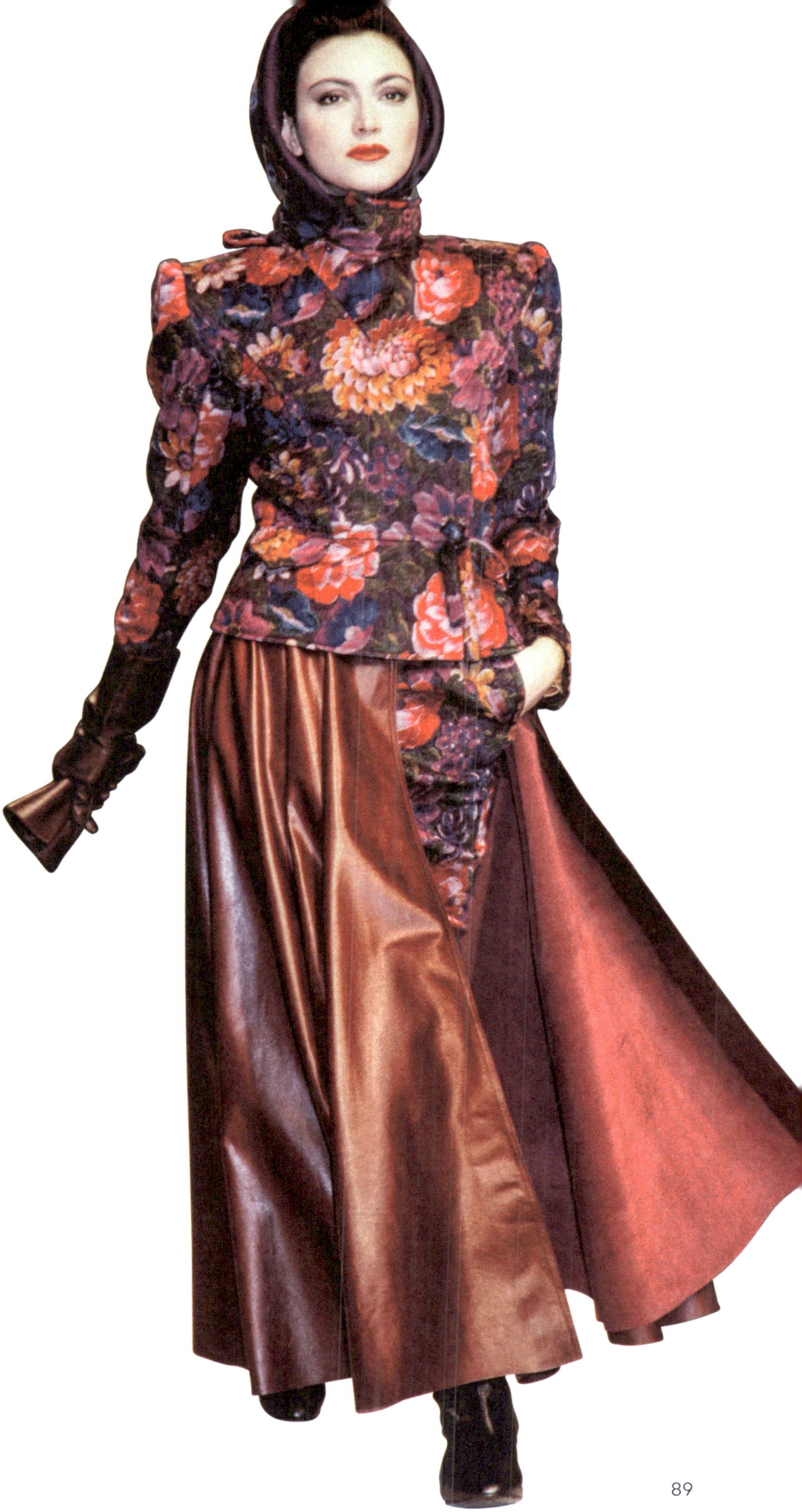

Gewoben aus zarten Woll- und Seidenfäden und zusätzlich aufgewertet durch schimmerndes Lurexgarn, wurde dieser in Mitlödi bedruckte Stoff vom Pariser Modehaus Emanuel Ungaro zu einer Jacke verarbeitet. Die strenge Schnittführung dieser Jacke mit einer betonten Schulter- und Taillenpartie wurde effektvoll durch die Verwendung des schimmernden Stoffes kontrastiert.

Stoffmuster, Wollgewebe mit Seide und Lurexfäden, für Abraham AG, Zürich, 1988

Paul van Riel, Präsentation der Herbst/Winter-Kollektion 1989/1990 von Emanuel Ungaro, Paris, März 1989

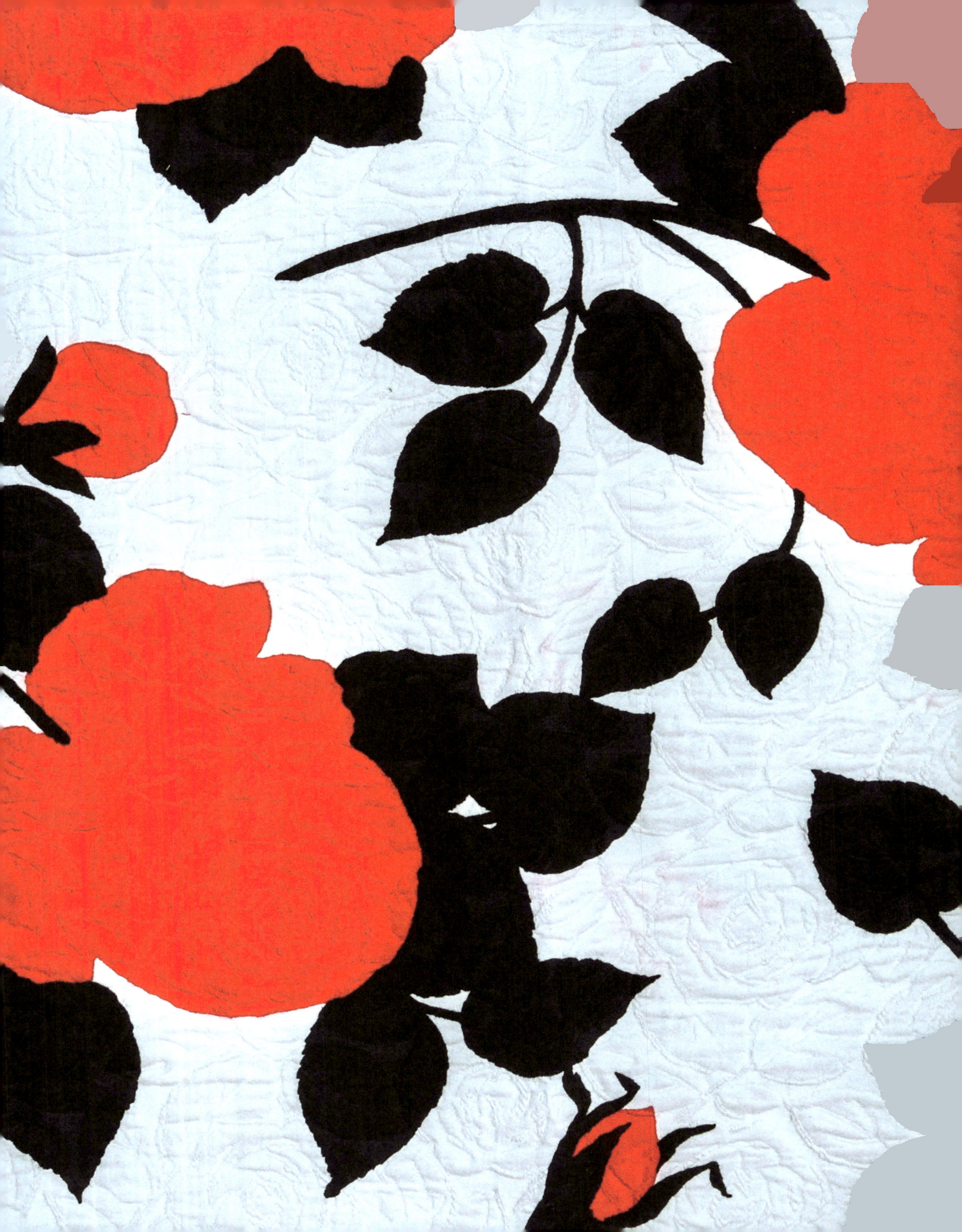

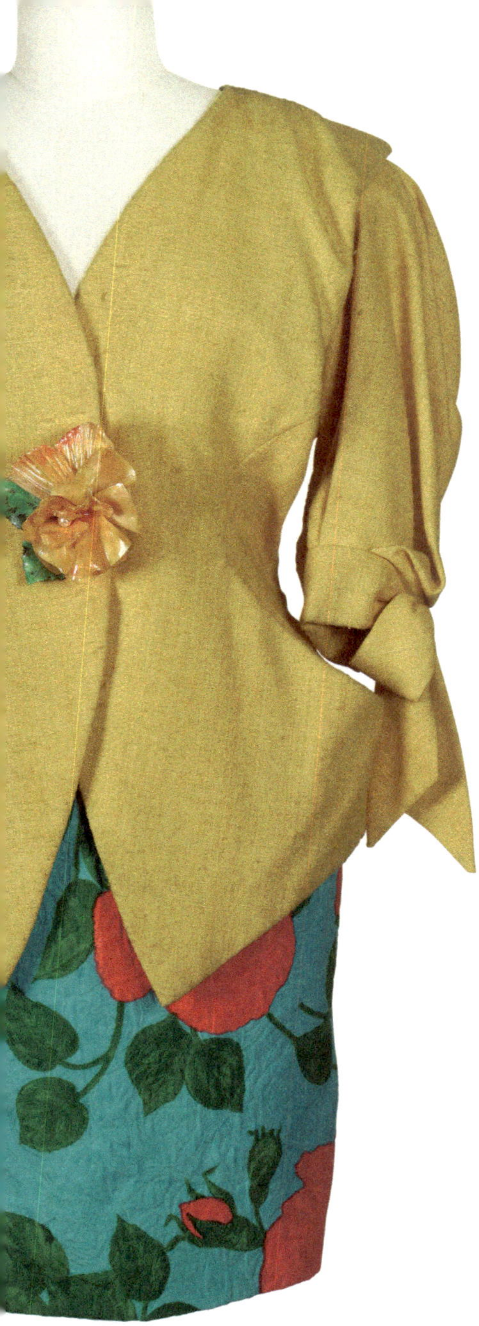

SCHWEIZER HAUTE COUTURE ZWISCHEN GENF UND ST. GALLEN

Seit Beginn des 20. Jahrhunderts konnten Schweizer Schneiderinnen und Schneider über Lizenzhändler Schnittmuster der Arbeiten von französischen Haute-Couture-Häusern erwerben, um für ihre vermögenden Kundinnen und Kunden die luxuriösen Laufsteg-Ensembles nachzuarbeiten. So fertigten zum Beispiel die Zürcher Ateliers Oskar Stocker, Grieder, À Ma Chère oder die Baseler Gehrig Couture sowie das Atelier Lämmlin & Co. am Steinengraben auf der Grundlage dieser Originalschnitte, mit dem Originalstoff und den Originalnähzutaten, sogenannte Patron-Kleider. Jene dienten als Prototyp und wurden dann nach den Massen der Kundinnen vervielfältigt. Diese handwerklichen Arbeiten auf höchstem Niveau ermöglichten es somit wohlhabenden Kundinnen, massgeschneiderte Kopien der Pariser Laufstegmodelle zu tragen. Die Stoffe für ihre Patron-Kleider und die nachfolgenden Modelle kauften die Couture-Ateliers zumeist bei Schweizer Zwischenhändlern und die Nähzutaten direkt bei den Herstellern.

Ensemble des Zürcher Couture-Ateliers Oskar Stocker, Kopie eines Deux-Pièces*-Ensembles der Sommerkollektion 1988 von Emanuel Ungaro Paris, nach 1988

Stoffmuster, Baumwollpiqué, Dessin Nr. 42 006, für Abraham AG, Zürich, 1987

Dieses Deux-Pièce wurde 1987 vom Pariser Modehaus Ungaro bei der Präsentation der Sommerkollektion 1988 auf dem Laufsteg gezeigt. Die leuchtendgelbe Jacke kombinierte Emanuel Ungaro mit einem Bleistiftrock mit grossen Rosenblüten. Das Zürcher Couture-Atelier Oskar Stocker im Rennweg erwarb das Original-Schnittmuster bei einem Lizenzhändler und den Originalstoff bei einem Zwischenhändler und fertigte in etwa 85 Stunden nach den Massen einer Kundin ein identisches Ensemble.

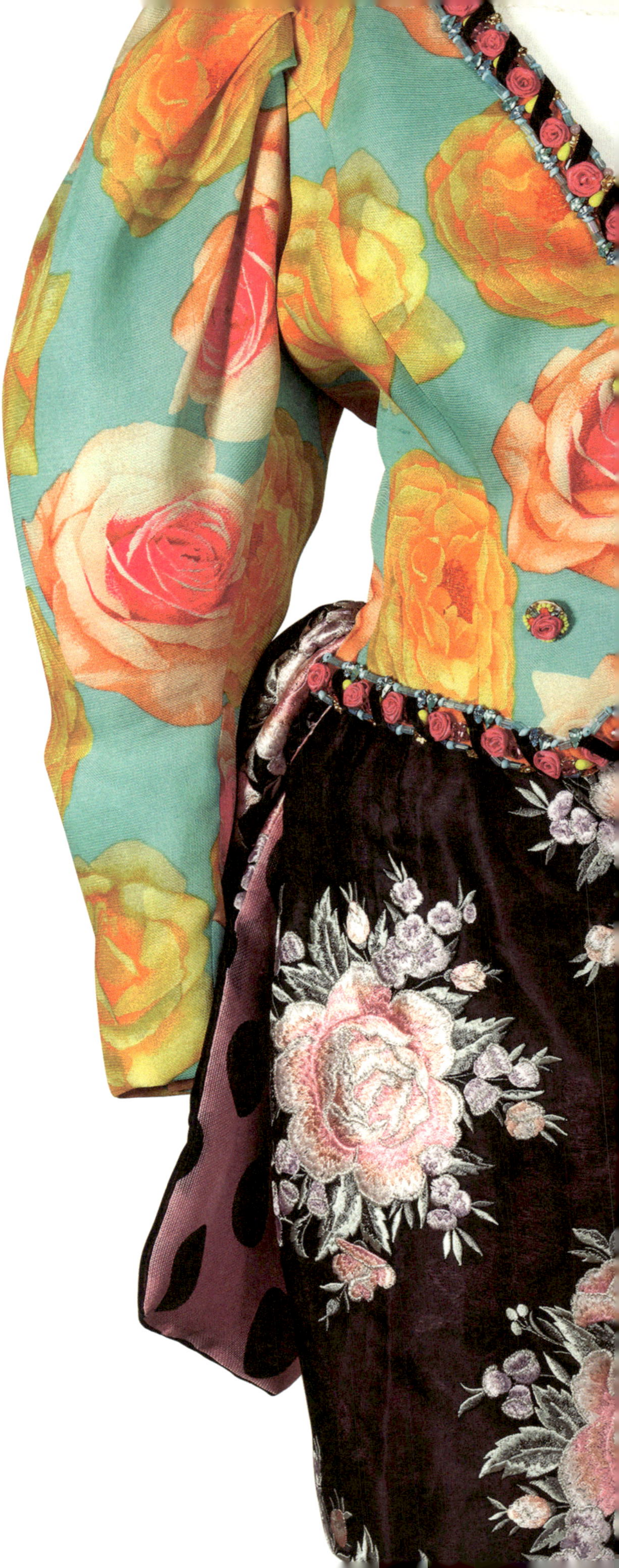

Betrachtet man dieses sommerliche Ensemble von Emanuel Ungaro aus dem Jahr 1991 mit dem Blick des 21. Jahrhunderts, so verblüffen die Materialkombination und die Rosenblütenfülle. Der Stoff des Oberteils wurde unter der Dessinnummer 48003 in der Textildruckerei Mitlödi 1990 für die Abraham AG gedruckt. Offenbar gefiel einer Kundin des Zürcher Ateliers Oskar Stocker dieses Ensemble der Ungaro-Schau im Winter 1990 in Paris, sodass es für sie nach ihren Massen, in gleichem Schnitt und aus den gleichen Stoffen angefertigt wurde. Die Schneiderinnen und Schneider des Ateliers benötigten etwa 90 Arbeitsstunden für dieses Ensemble.

Ensemble des Zürcher Couture-Ateliers Oskar Stocker, Kopie eines Deux-Pièces-Ensembles von Emanuel Ungaro, nach 1991

Etienne Tordoir, Porträtaufnahme aus der Präsentation der Sommerkollektion 1991 von Emanuel Ungaro, 1990

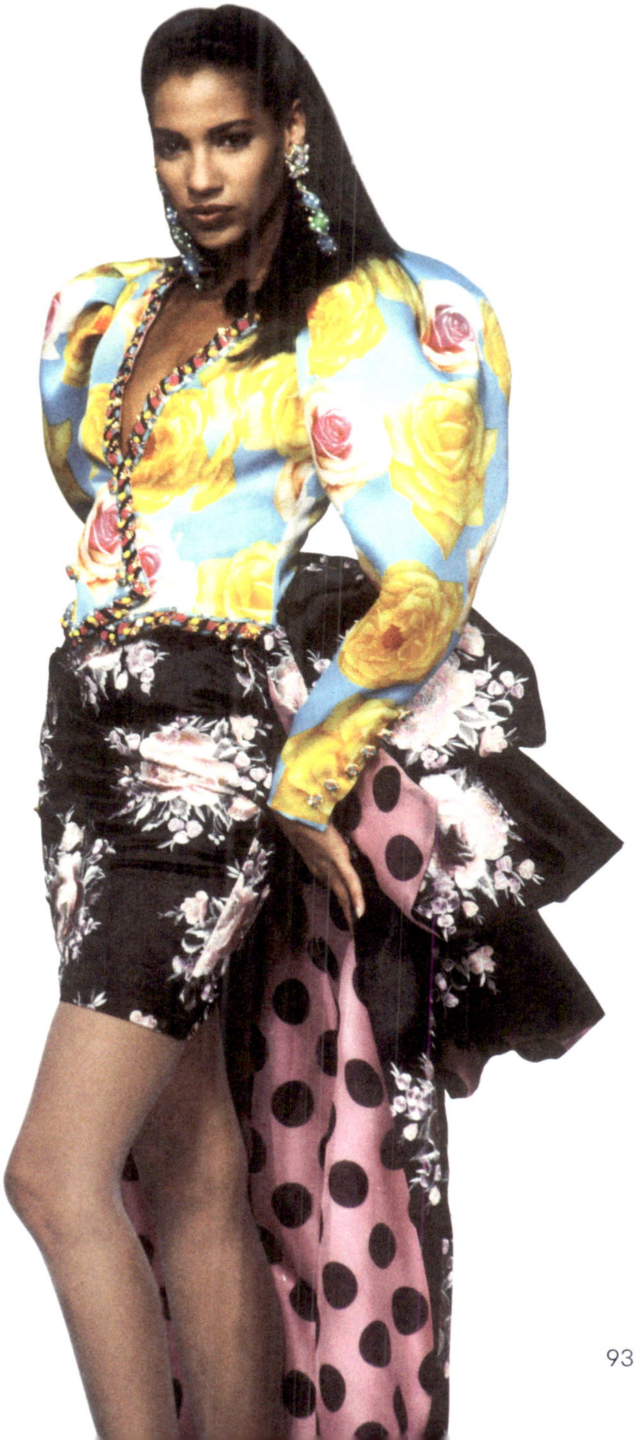

Le Boom des Roses

Als florales Symbol der Liebe, des Glücks und der Lebensfreude ranken sich Rosen seit vielen Jahrhunderten über die Kleiderstoffe der Damenmoden. Auch als gestickte, gedruckte oder zart drapierte Einzelblüten werden sie auf Stoffen platziert und in prachtvolle Ensembles integriert. In den Achtziger- und Neunzigerjahren des 20. Jahrhunderts wurden Rosenmusterstoffe beinahe zu einem Markenzeichen des Zürcher Textilkonverters Abraham. Bereits seit den 1950er Jahren liess der Firmeninhaber Gustav Zumsteg Dessins entwerfen, die Rosenblüten, Rosenblätter und Knospen als Umriss zeigten. Nun, gegen Ende des 20. Jahrhunderts, eroberten die «Abraham-Rosen» scheinbar die dritte Dimension und ranken seitdem nicht mehr nur scherenschnittartig, sondern üppig und bunt über die Stoffbahnen.

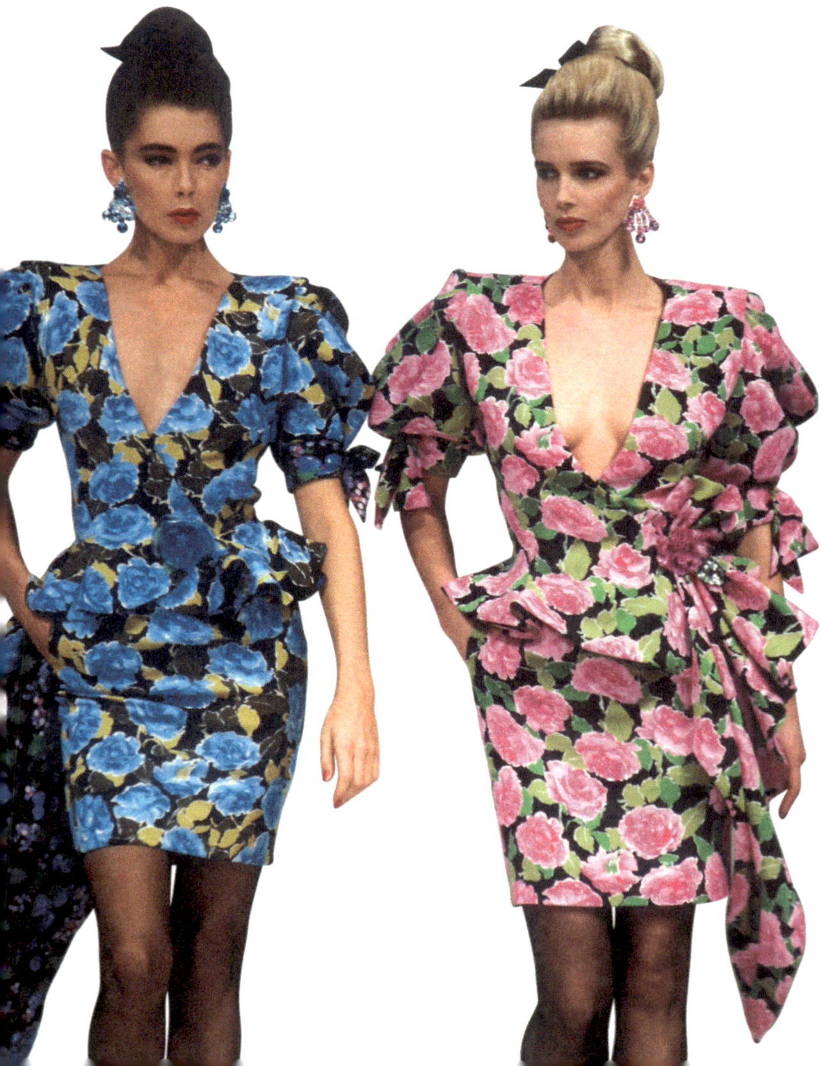

Der Pariser Couturier Emanuel Ungaro zeigte bei seiner Präsentation der Sommerkollektion 1988 zwei Sommerkleider mit identischem Schnitt, aber mit unterschiedlicher Farbigkeit des Stoffuntergrundes und des Rosenmusters. Die Seidendruckerei in Mitlödi, die diesen Stoff bedruckte, stellte nicht nur diese beiden unterschiedlichen Farbstellungen des gleichen Sujets her, sondern mindestens noch ein weiteres Kolorit, wie ein Stoffmuster in der Textildrucksammlung des Museums des Landes Glarus zeigt.

Stoffmuster, Seidensatin, für Abraham AG, Zürich, Dessin Nr. 42 014, 1987

Daniel Simon, Doppelporträt aus der Haute-Couture-Show von Emanuel Ungaro für die Sommerkollektion 1988

Die hochmodische Rosenstoffkollektion des Frühjahrs 1988 überbot diese jahrelangen Erfolge deutlich. Mit jener Kollektion löste der Zürcher Konverter einen «boom de la rose» aus, wie die Autorin Ursula Harpprecht im Branchenblatt *Textiles Suisses* berichtet.[13] Viele Pariser Couture-Häuser kauften Stoffe aus dieser Kollektion und kreierten aus ihnen eine ganz besondere Sommergarderobe.

Einen märchenhaften Effekt erzielte der Pariser Couturier Emanuel Ungaro, indem er den in Mitlödi in zwei Koloriten bedruckten Stoff zu zwei identischen Kleidern verarbeiten liess und diese gemeinsam präsentierte. Die Mannequins führten die schwesterlichen Kleider in modischer Silhouette beinahe wie eine Illustration zum Grimm'schen Märchen *Schneeweisschen und Rosenrot* den Besucherinnen und Besuchern der Modenschau vor.

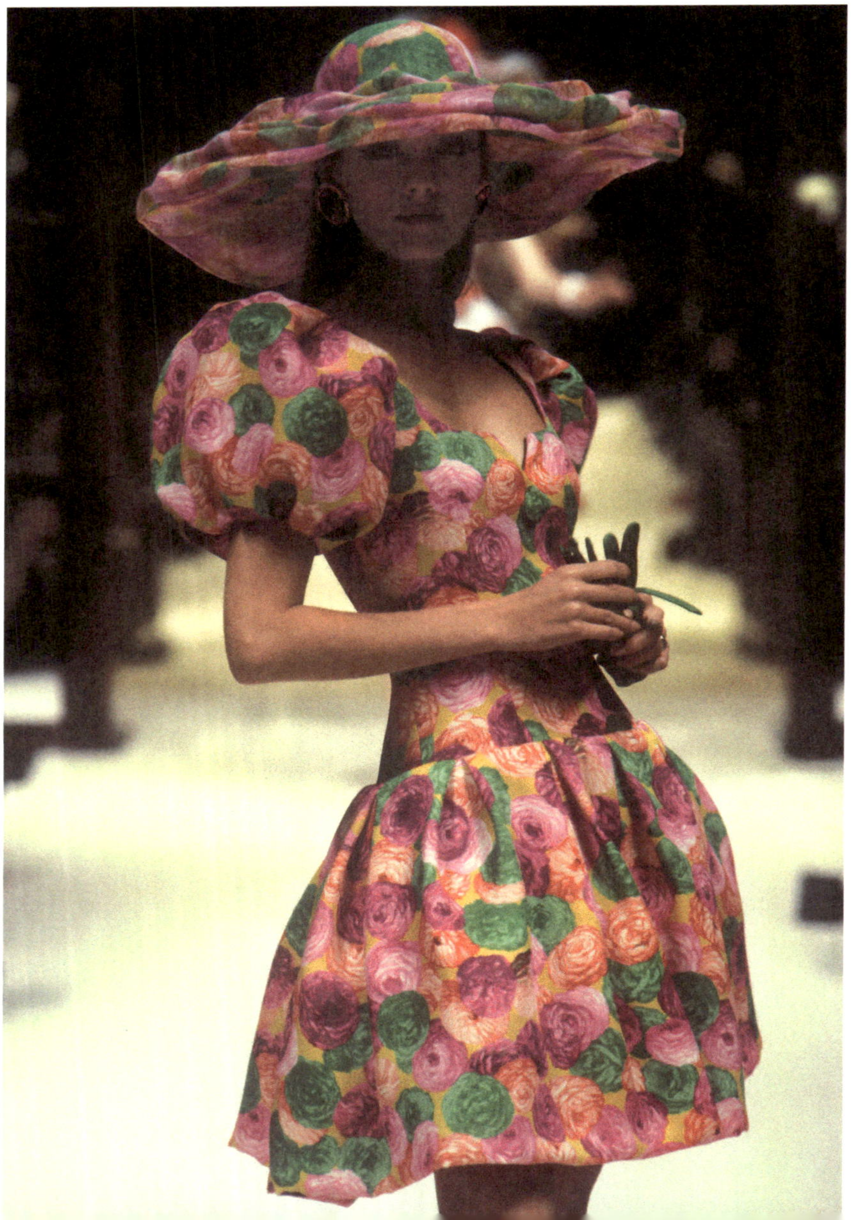

Textildruck benötigt eine strenge buchhalterische Genauigkeit während der gesamten Auftragsabwicklung. Aus diesem Grund werden vom Konverter und von der Druckerei eine Vielzahl vor Registraturnummern vergeben, die zum Beispiel über den Grundstoff, das Dessin und das Auftragsjahr Auskunft geben. Ist Monate später der Stoff als Sommerkleid auf dem Laufsteg zu sehen, ahnen die Zuschauerinnen und Zuschauer der Präsentation nichts von dem umfangreichen Zahlenwerk, das die Herstellung dieses Rosenmusterstoffes begleitete.

Etienne Tordoir, Porträtaufnahme bei der Präsentation der Sommerkollektion 1992 von Hubert de Givenchy, 1991

Stoffmuster auf Grundware «Gazar», Dessin Nr. 50 004.112, für Abraham AG, Zürich

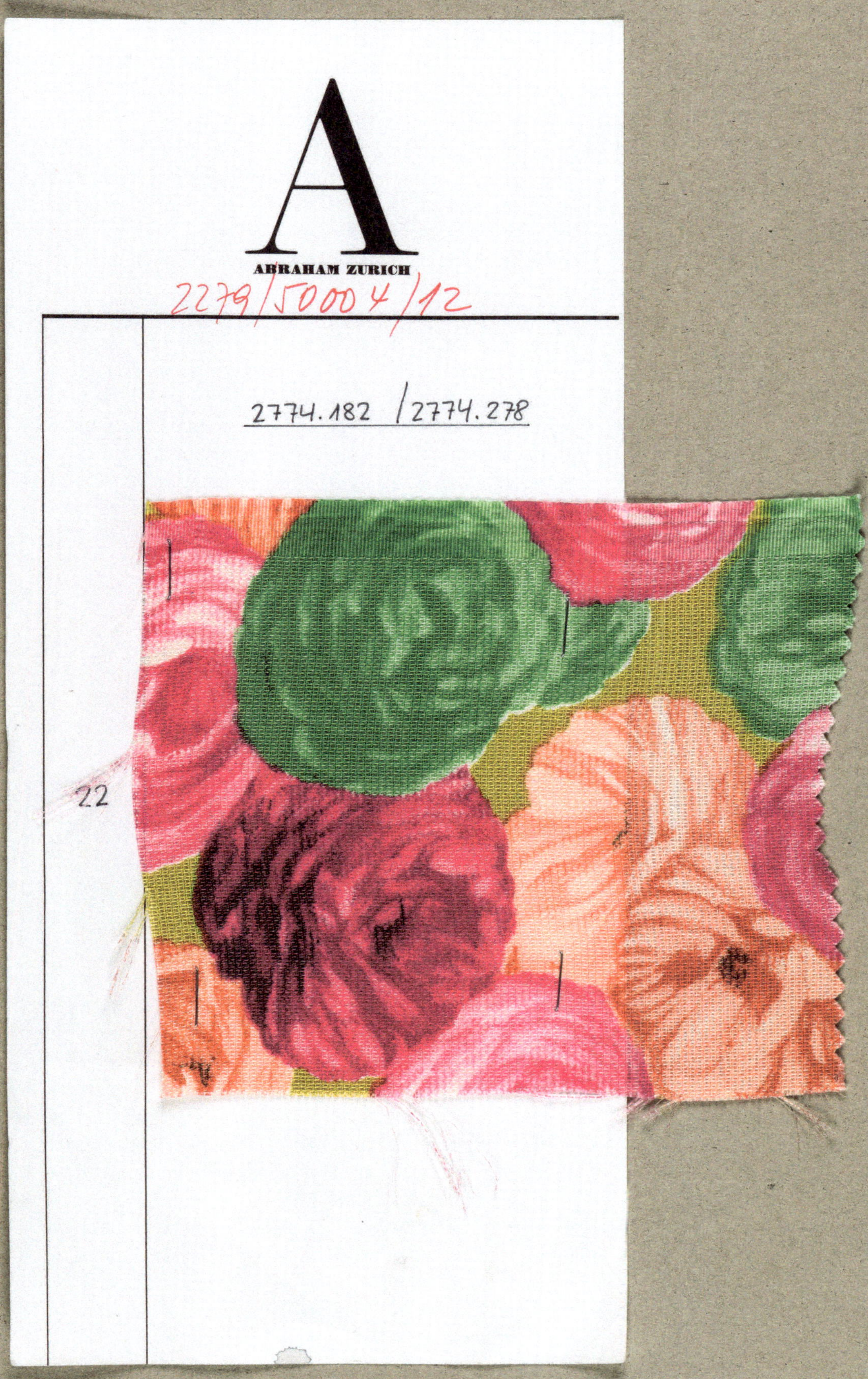
A
ABRAHAM ZURICH
2279/50004/12
2774.182 /2774.278
22

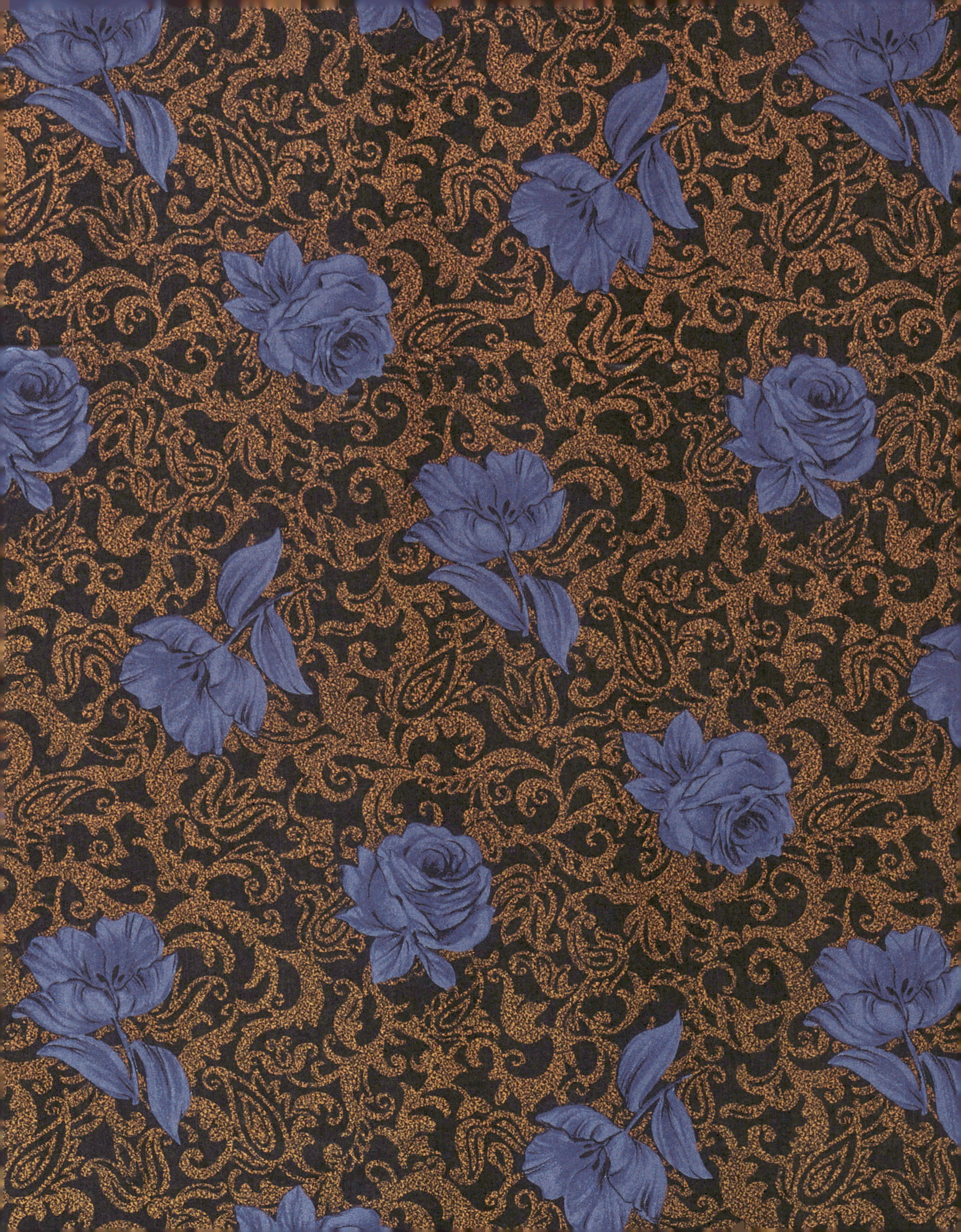

Dank der Druckkunst der Druckerinnen und Drucker aus Mitlödi erblühten im Winter 1988 viele Rosen in der Kollektion des Pariser Couturiers Emanuel Ungaro. Dieses in zwei Farbstellungen ausgeführte Ensemble lässt durch die bewegte Schnittführung auch den dunklen Rosenstoff leicht und luftig wirken.

Stoffmuster, Reinseidensatin, für Abraham AG, Zürich, 1987

Etienne Tordoir, Doppelporträt aus der Präsentation der Herbst/Winter-Kollektion 1988 von Emanuel Ungaro, 1988

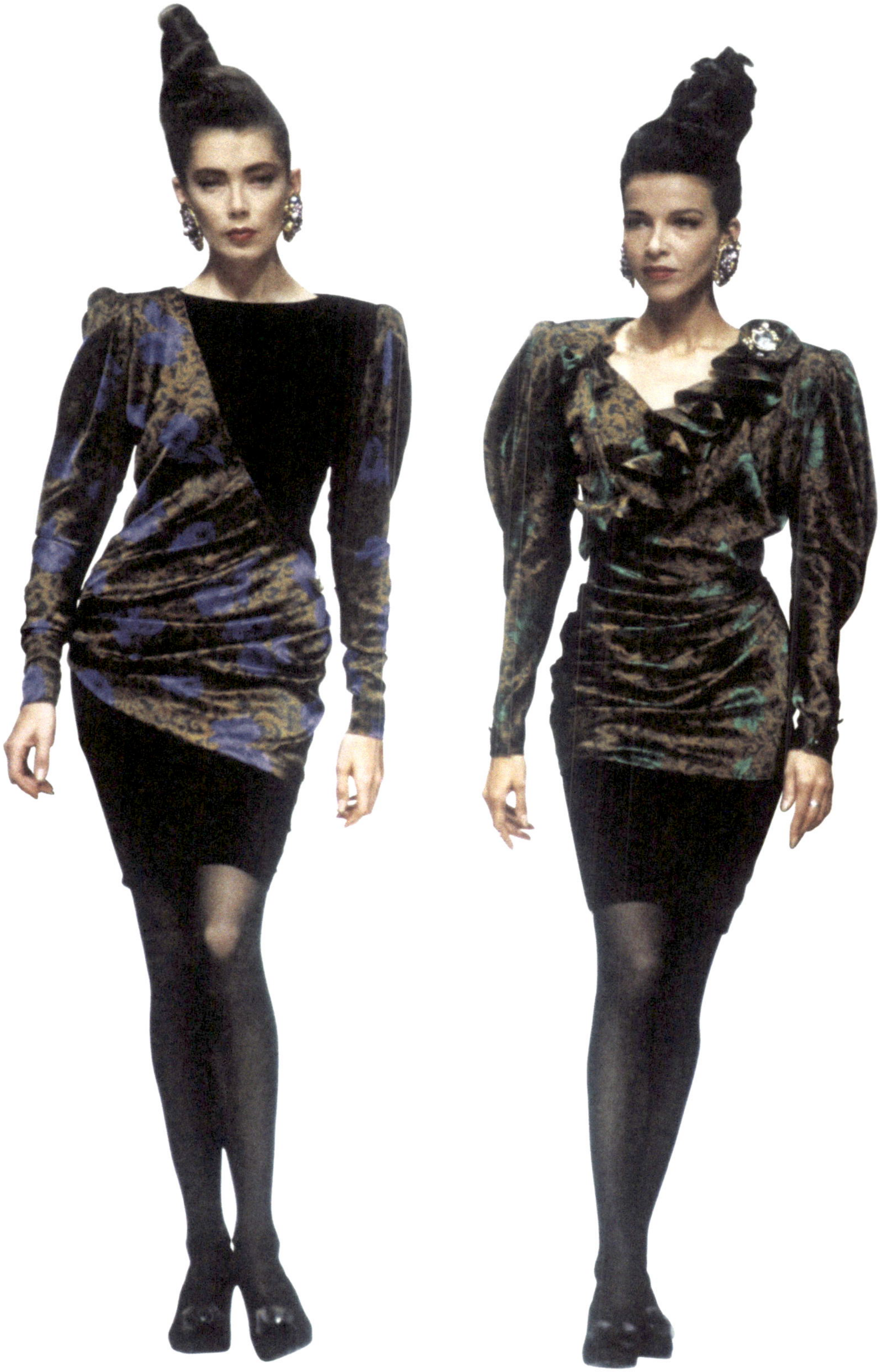

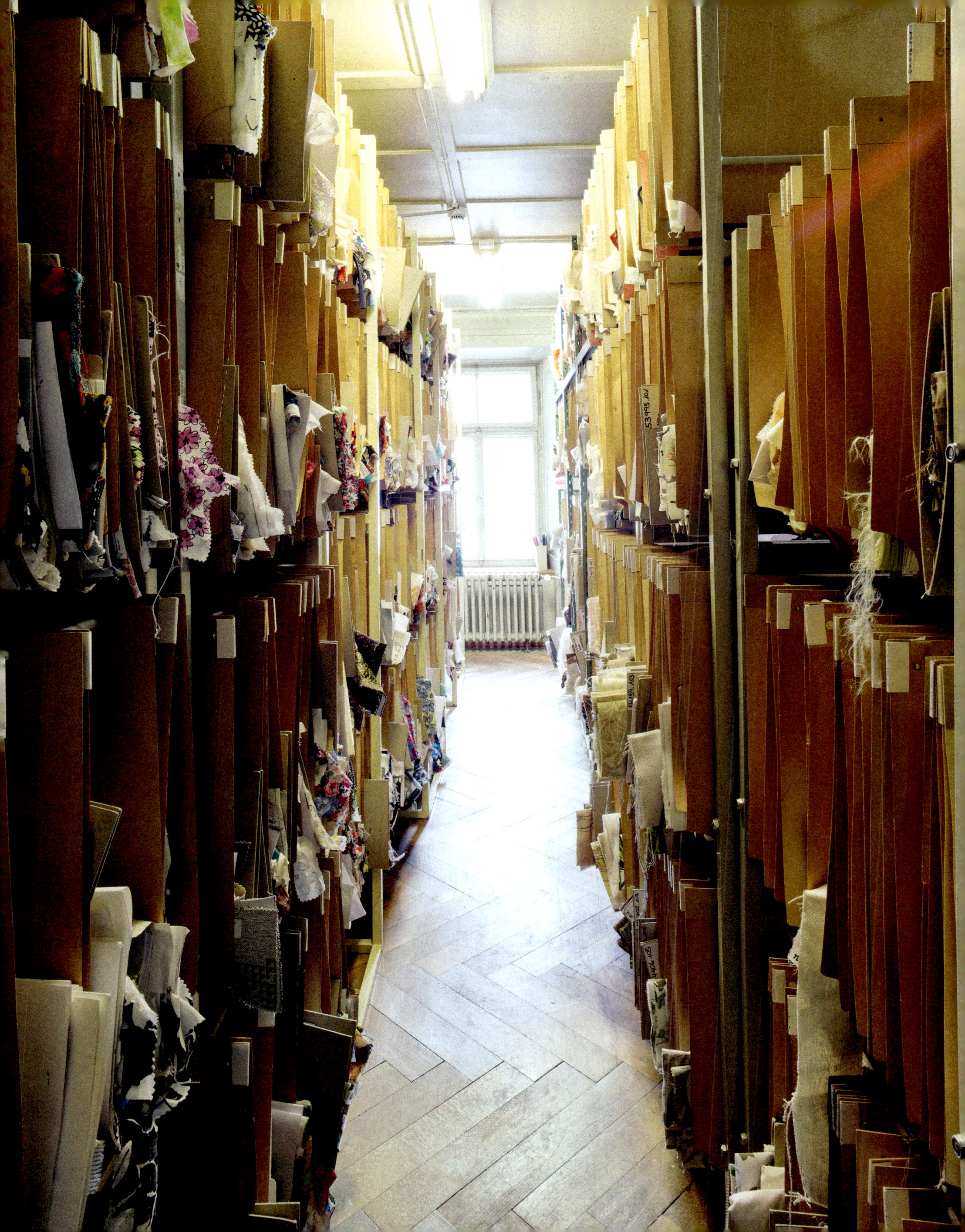

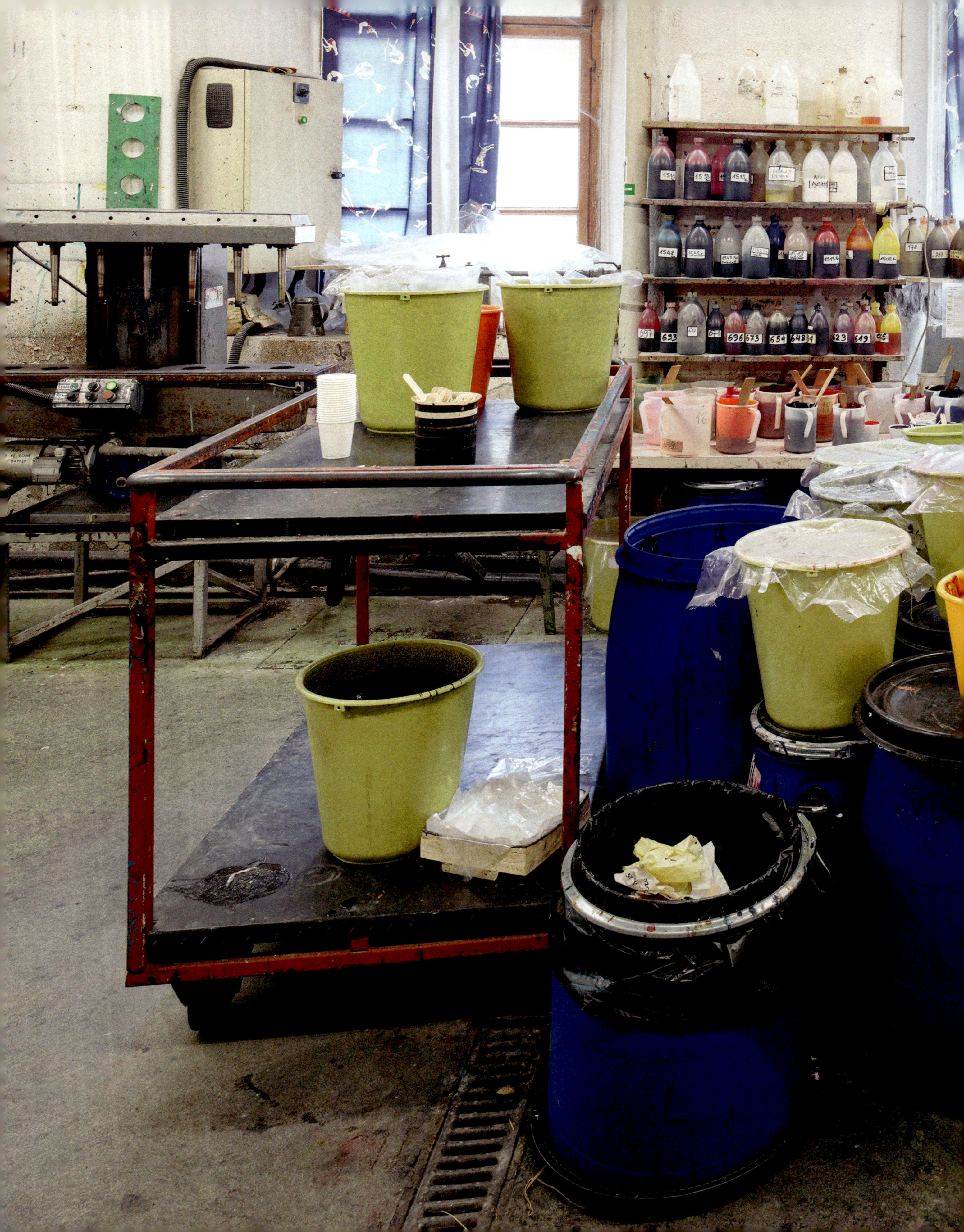

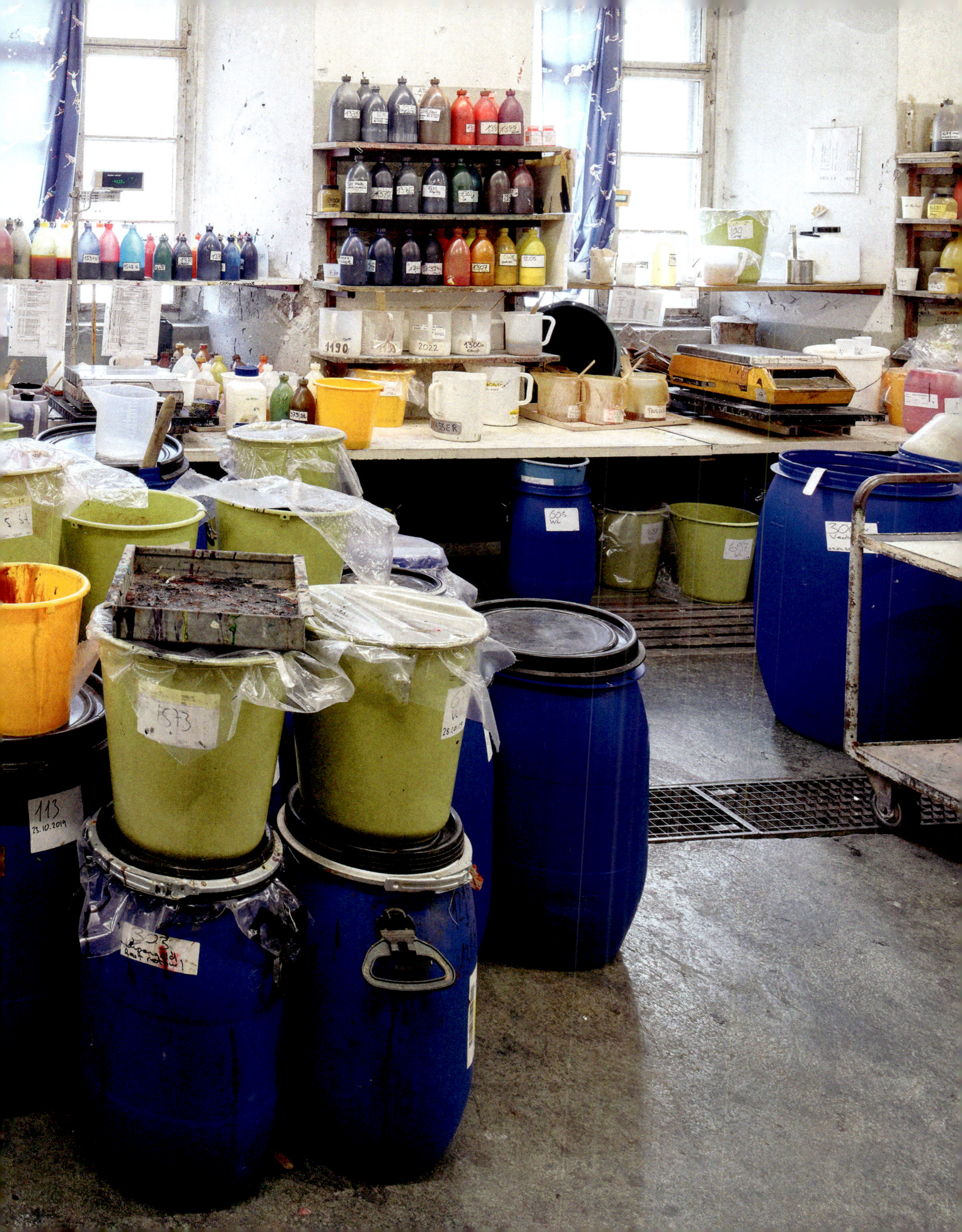
1190
2022
1573
113
23.10.2019

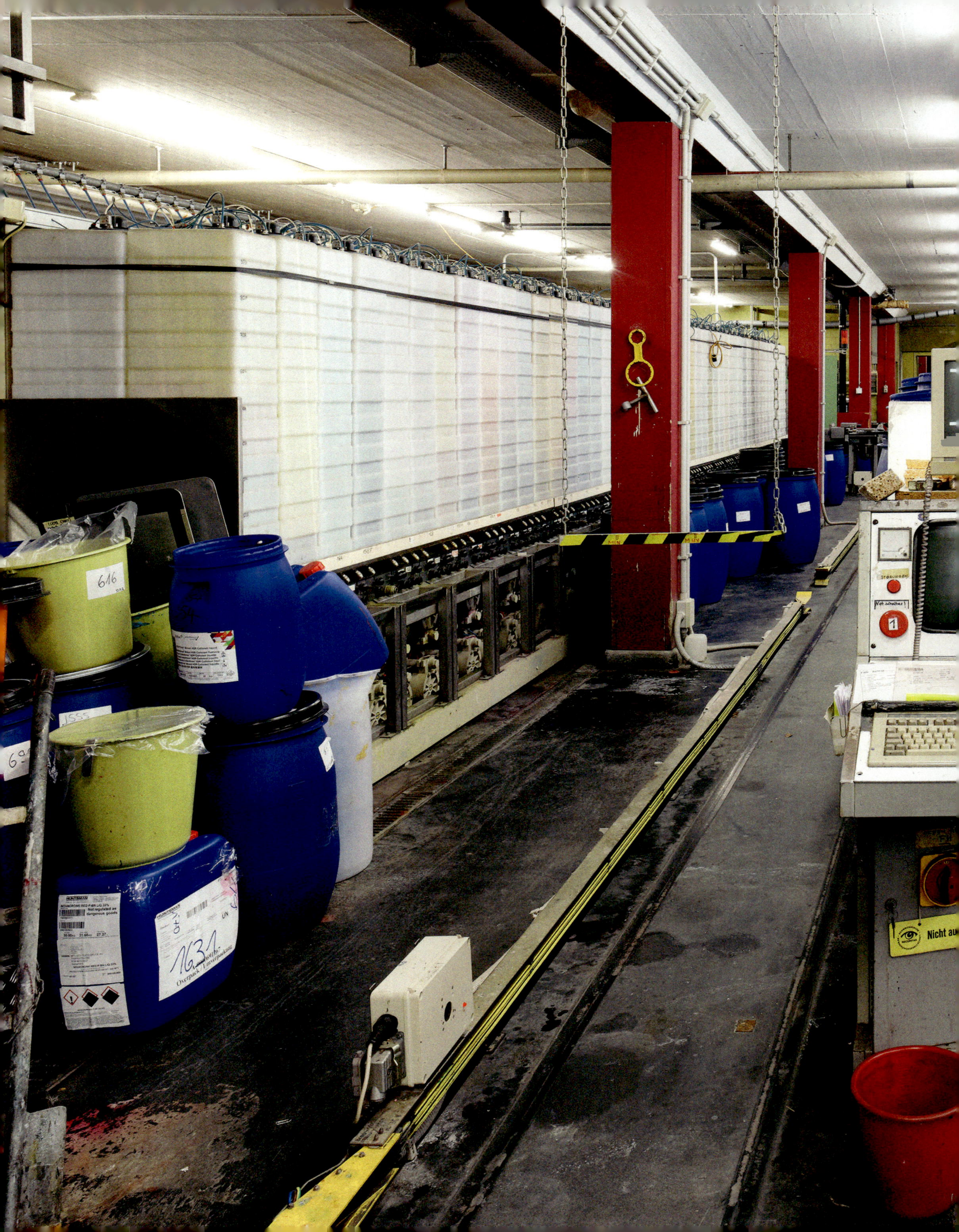

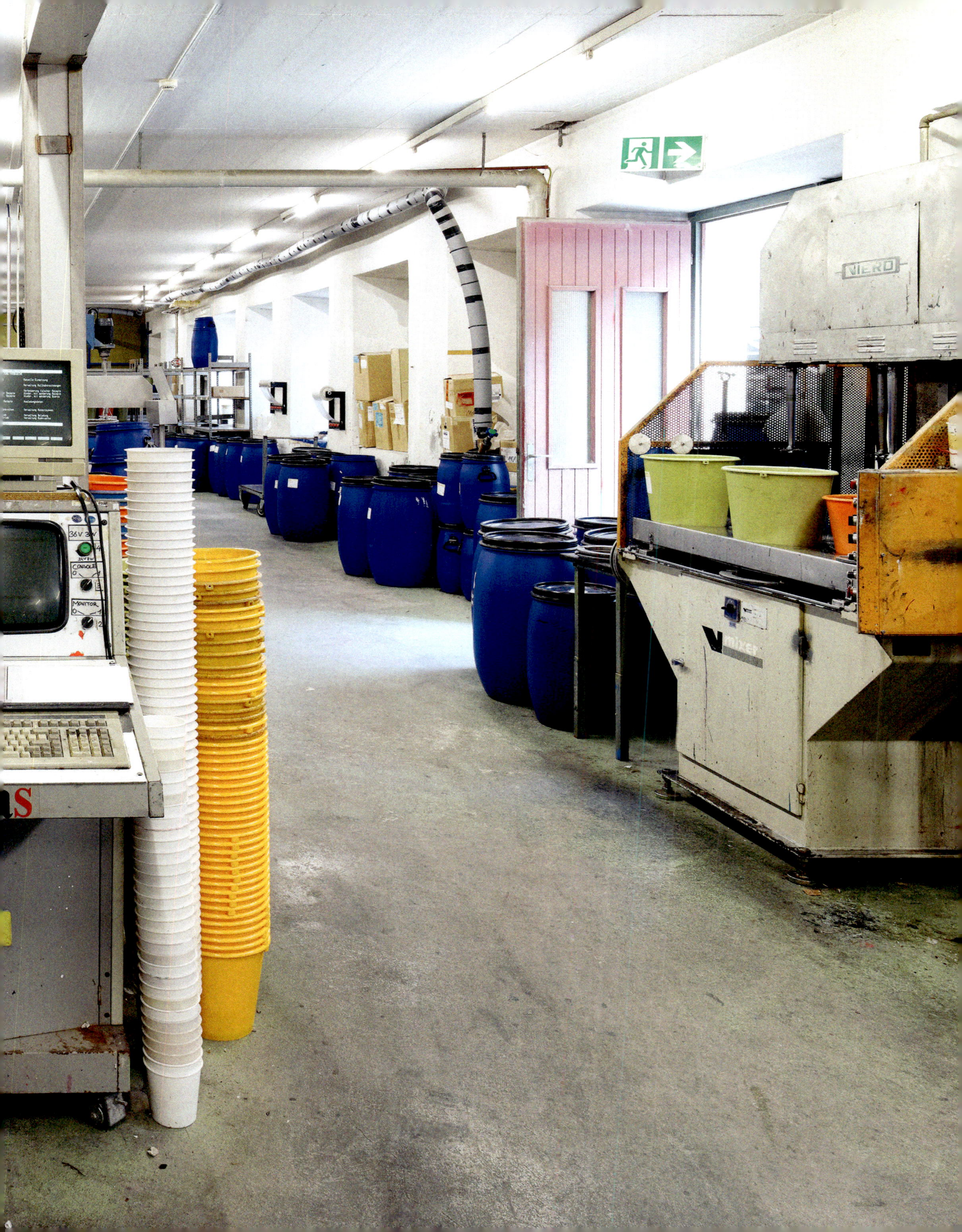
VIERO
mixer
CONSOLE
MONITOR

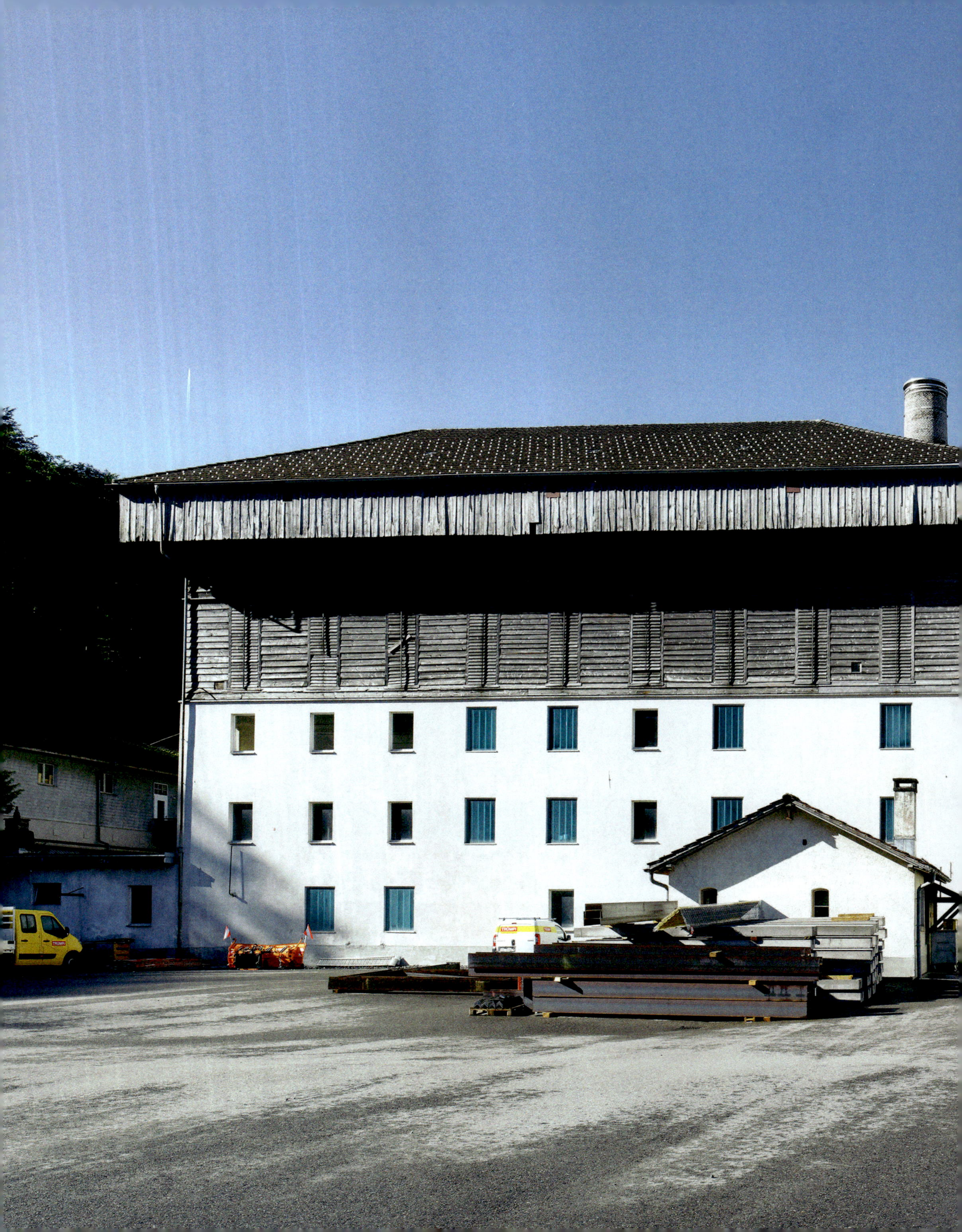

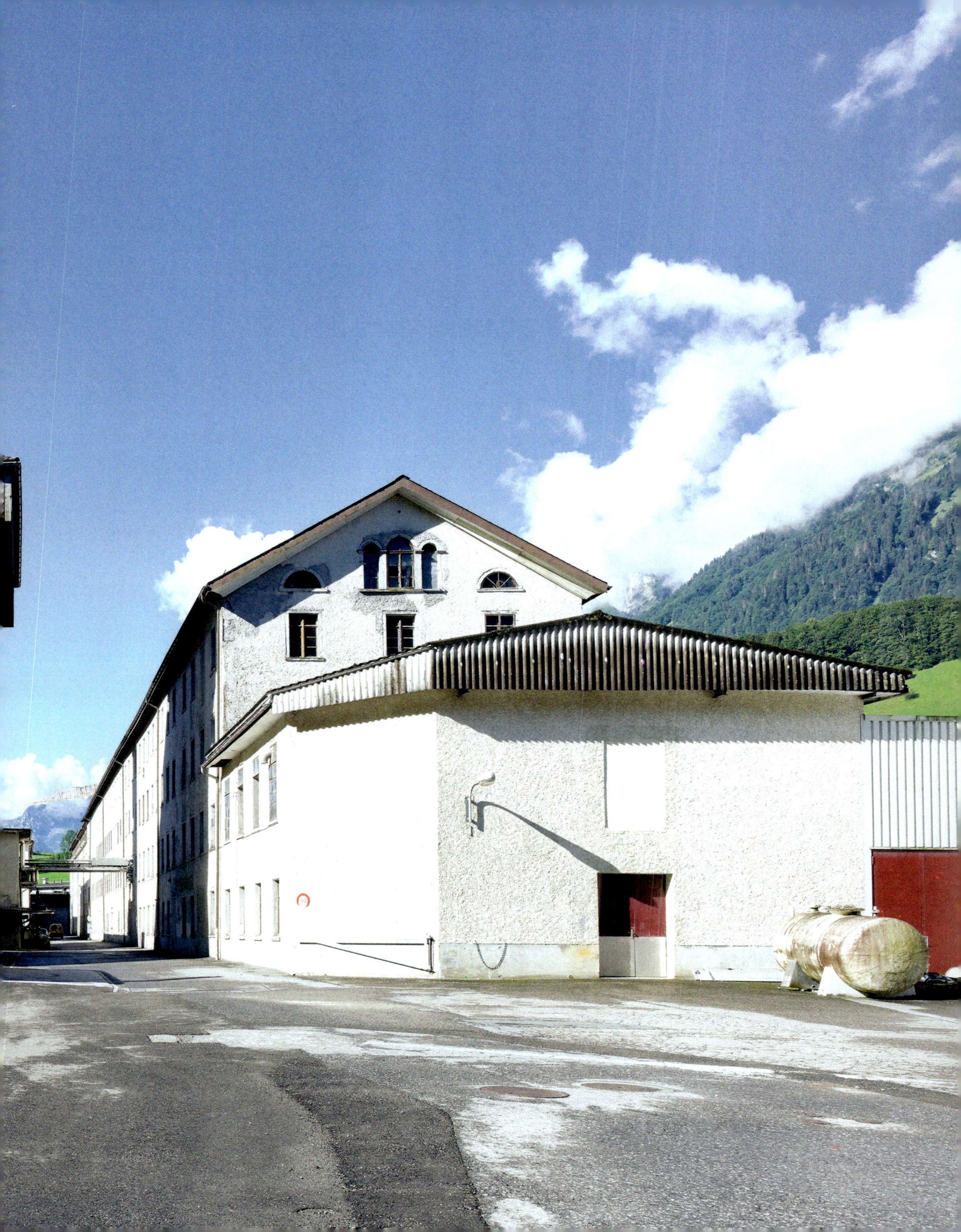

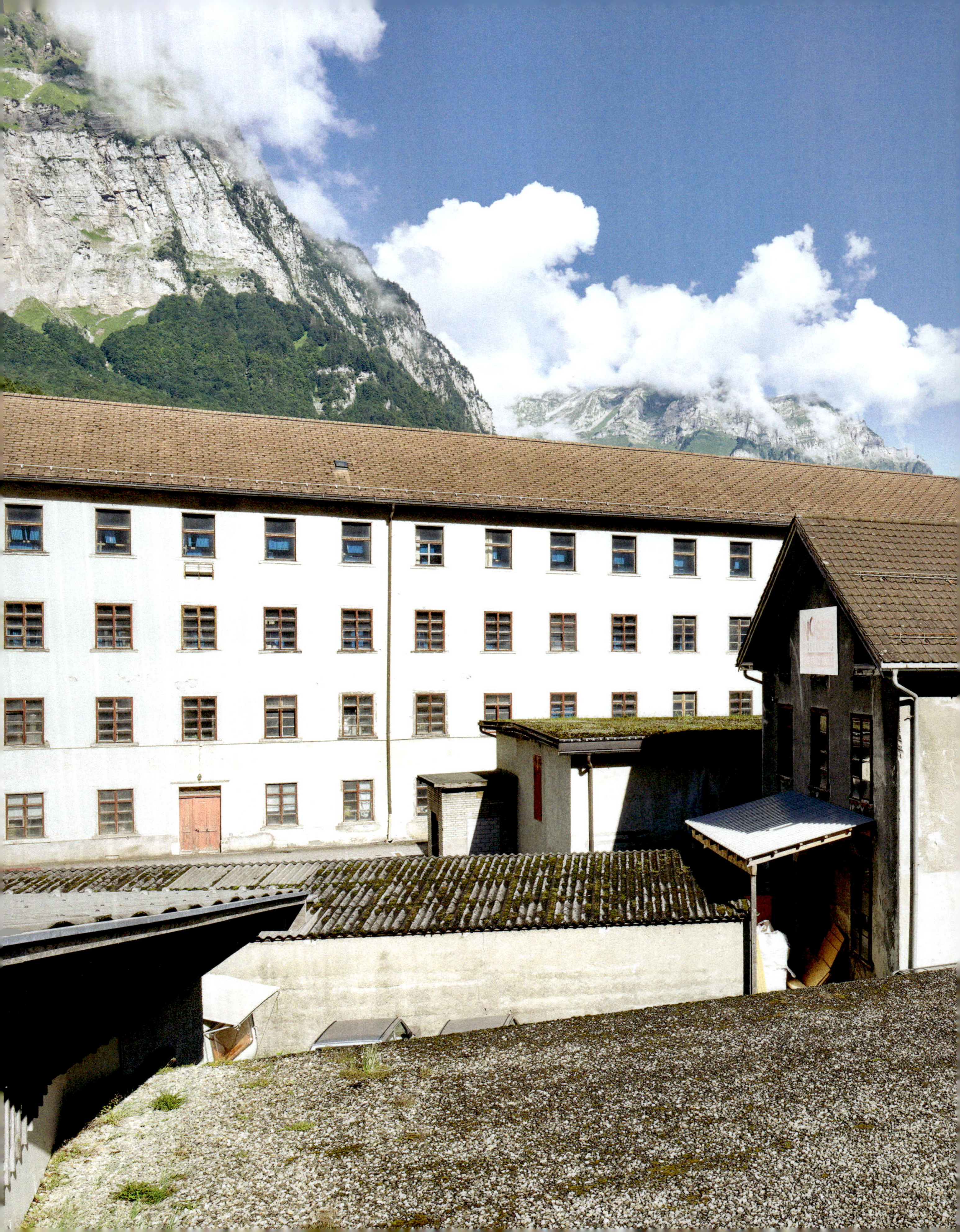

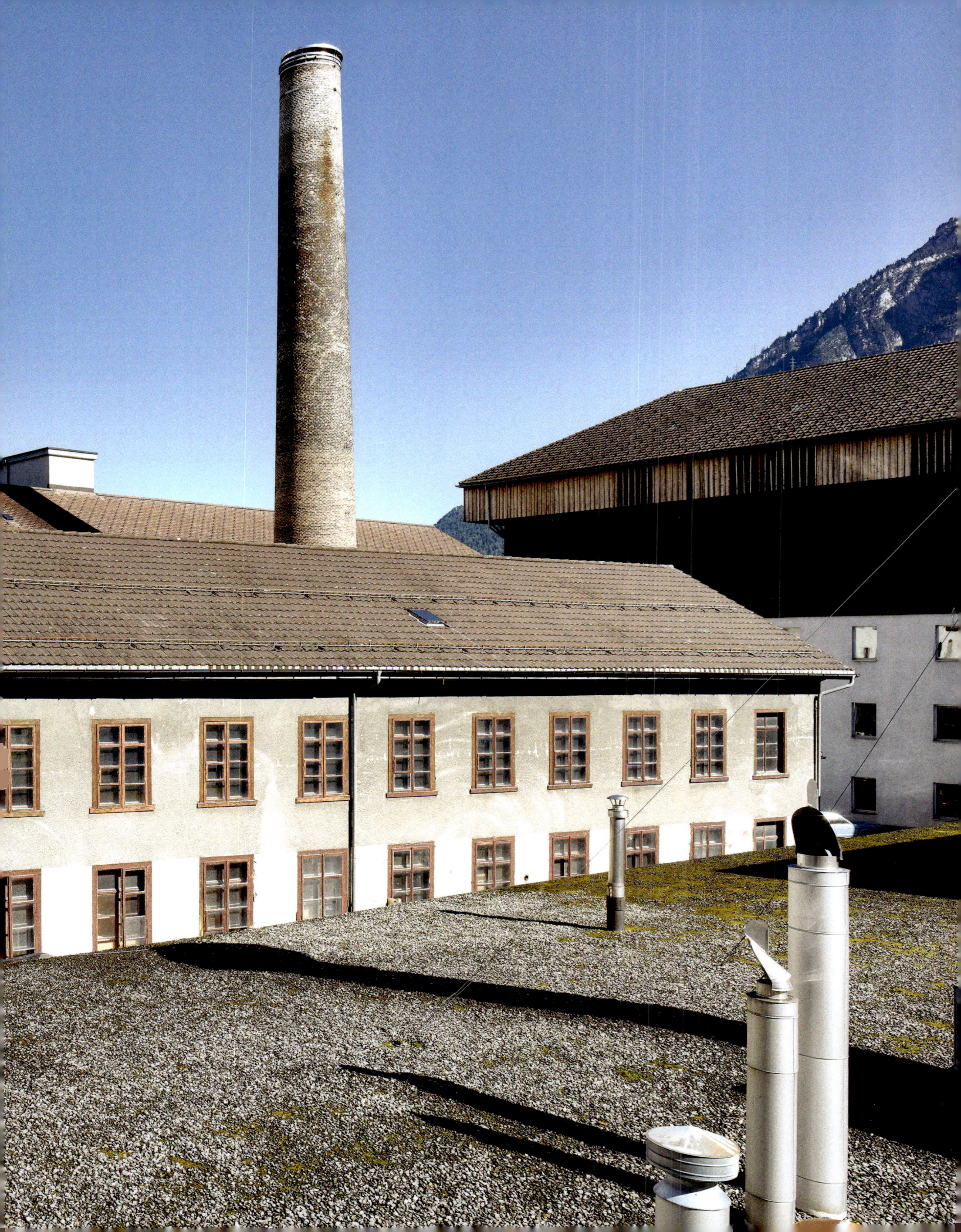

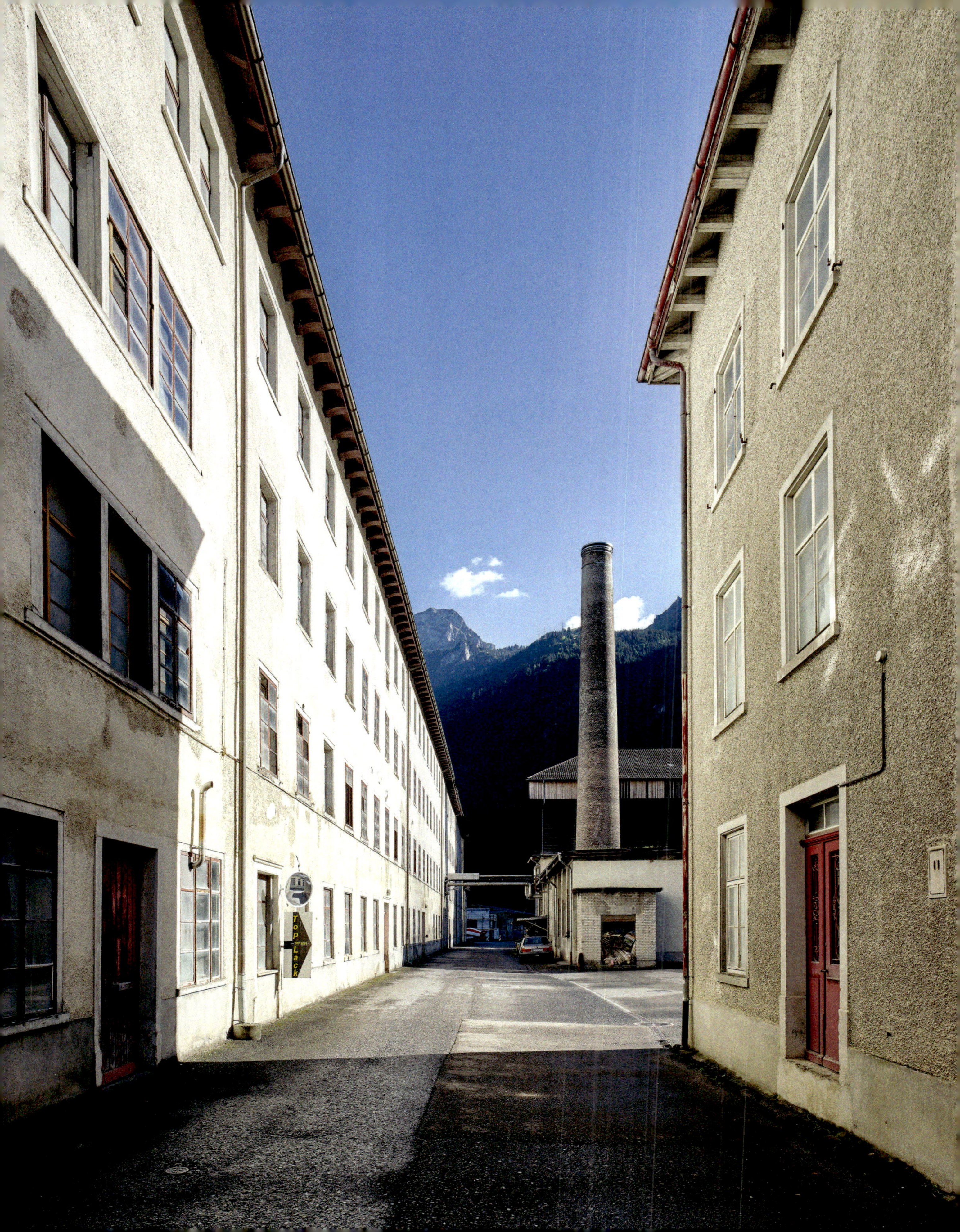
Top Lack

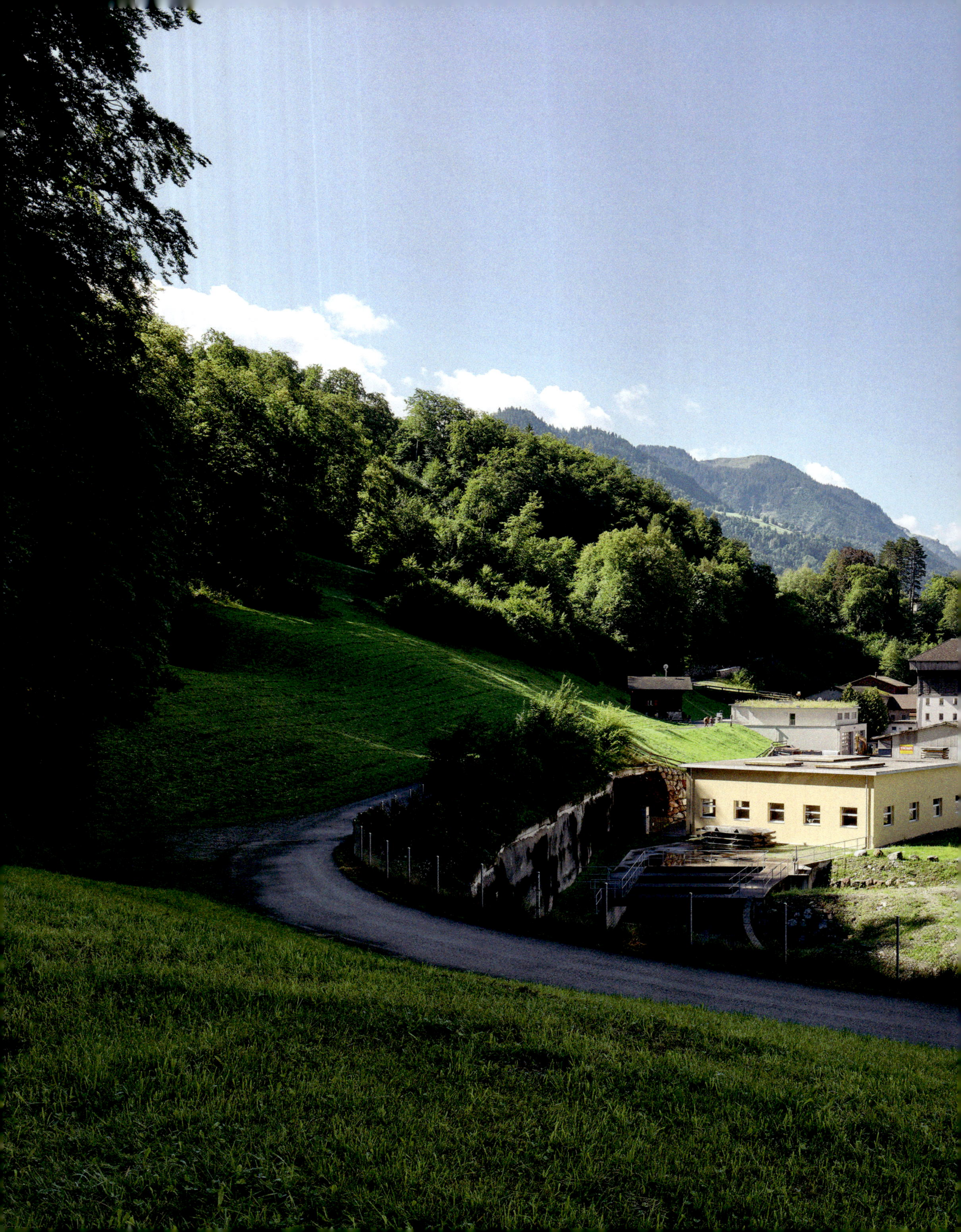

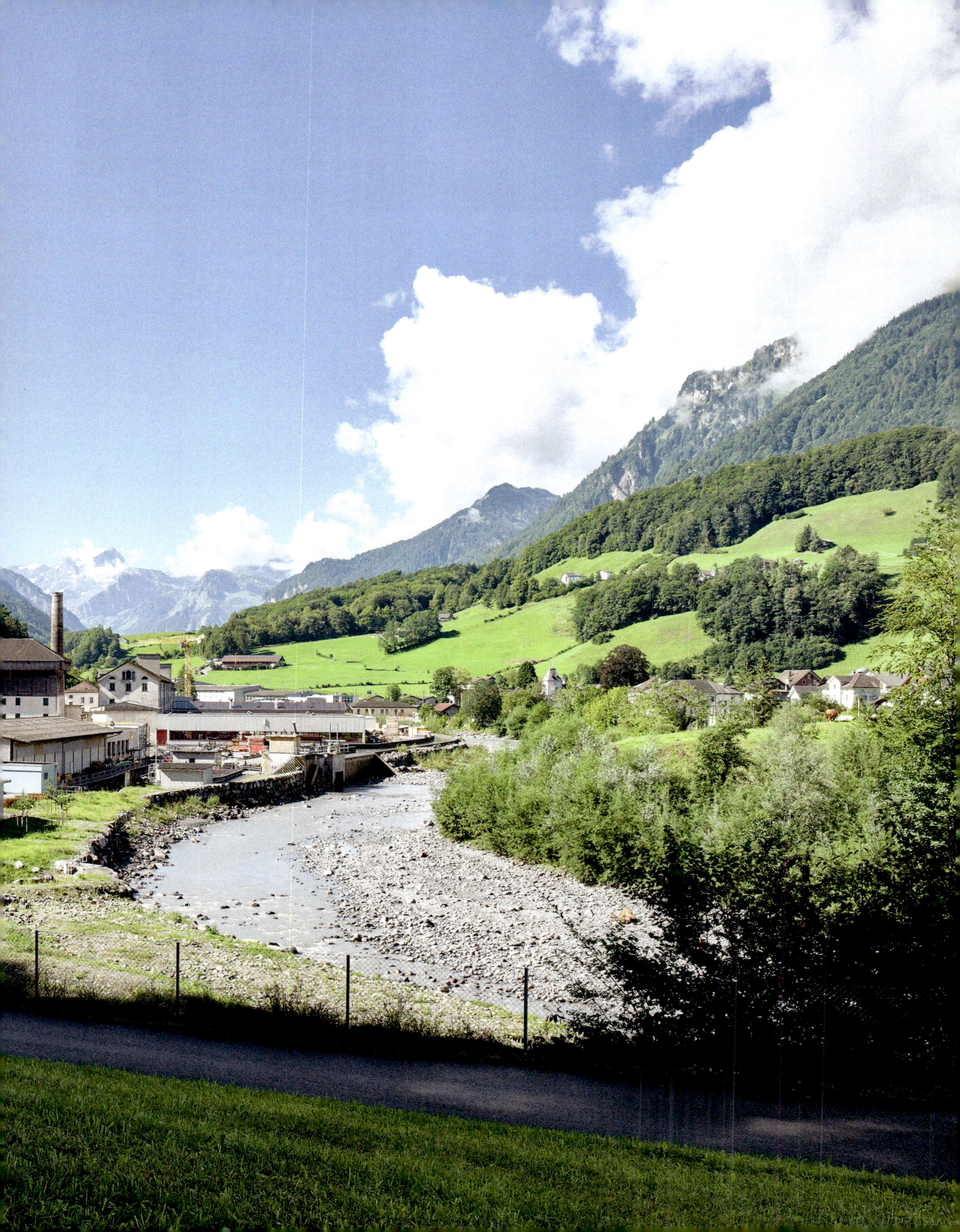

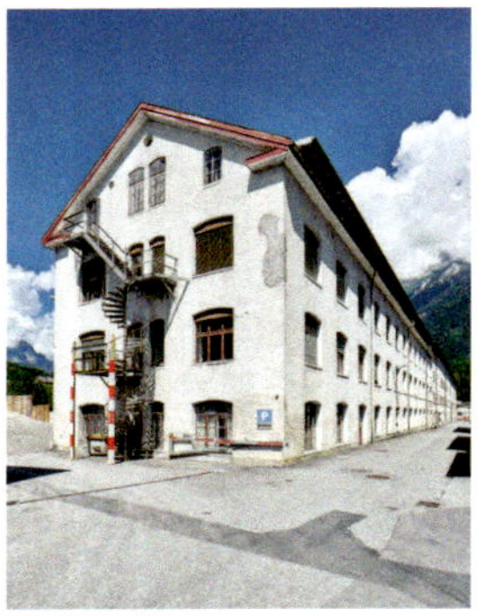

Die giebelseitige Fassade des 1856 errichteten Druckereigebäudes weist eine später hinzugefügte eiserne Nottreppe auf. Über diese Treppe konnten Mitarbeitende im Brandfall ins Freie gelangen.

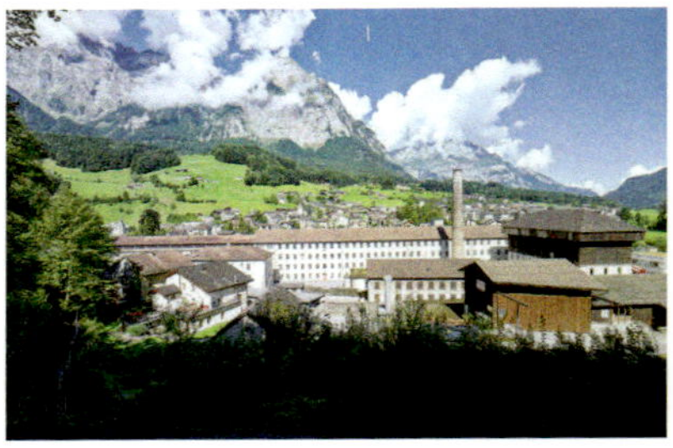

Wie viele Glarner Fabrikbauten sind die Druckereigebäude in Mitlödi auf einem schmalen Landstreifen zwischen Dorflage, der Linth und den Glarner und Schwyzer Alpen errichtet worden.

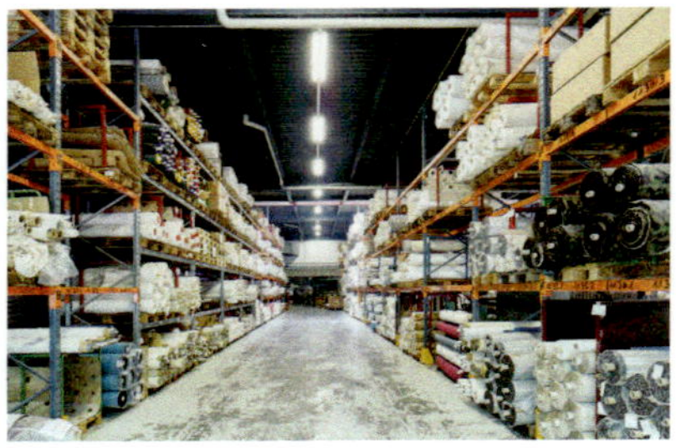

Als Lohndruckerei erhält die Druckerei in Mitlödi von den Kundinnen und Kunden die zu bedruckenden Grundstoffe. Um Nachdrucke zu ermöglichen, werden im Stofflager viele Kundenstoffe aufbewahrt.

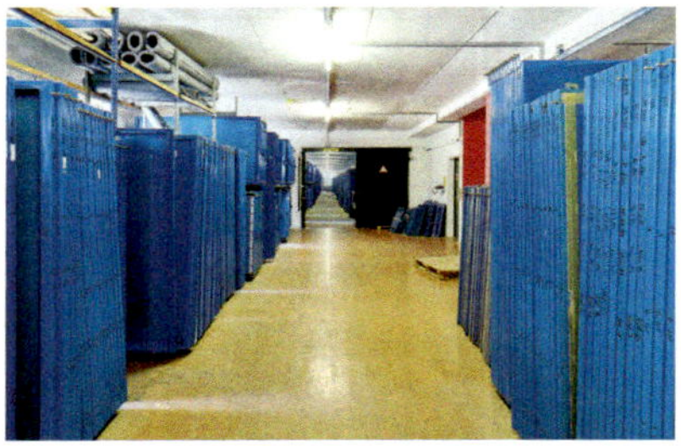

Seit 1937 werden in den Druckereigebäuden in Mitlödi-Ennetlinth Siebdruckschablonen für den Textildruck verwendet. Für Nachdrucke werden die Schablonen in grossen Hallen gelagert.

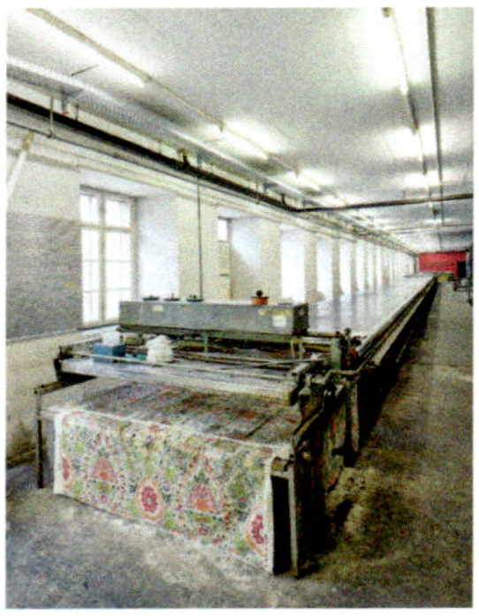

Auf dem Drucktisch der Musterdruckerei werden Stoffmuster hergestellt, aus denen die Auftraggebenden das Produkt auswählen. Alle hier erhobenen Daten bilden die Grundlage für den Fabrikdruck.

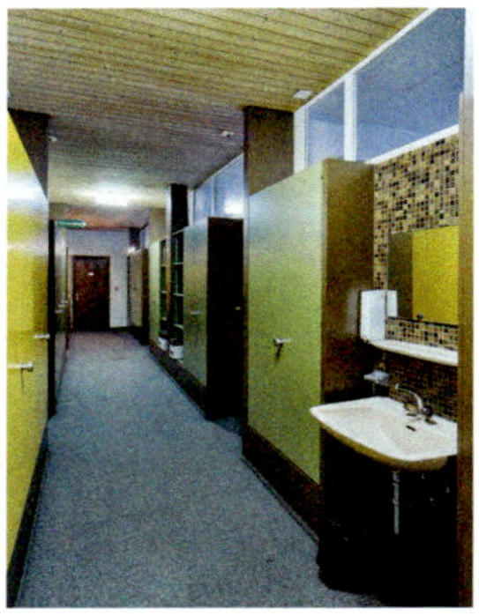

Zu Beginn der 1980er Jahre wurden im Druckereigebäude von 1856 zwei Produktionsetagen zu Büros und Sitzungszimmern umgebaut. Dieser Gang zeigt die gelungene Verbindung von Praktischem und Schönem.

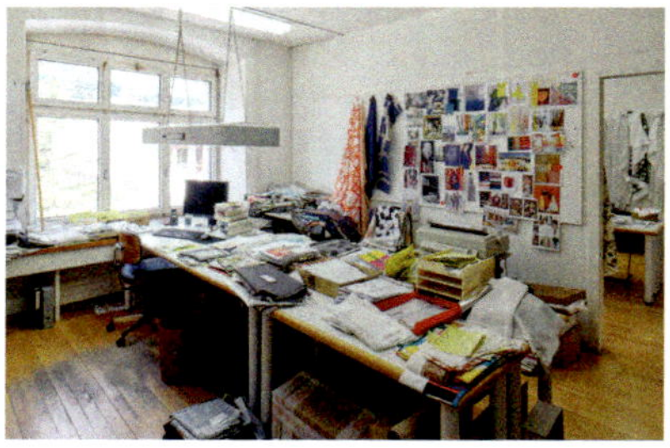

Der Arbeitsraum der Koloristin oder des Koloristen zeigt sich als kreativer Ort, der sich an den Aufgaben der Produktion orientiert. Stoffmuster, Formulare und viele inspirierende Abbildungen an der Wandtafel sind die unverzichtbaren Werkzeuge dieses Arbeitsplatzes.

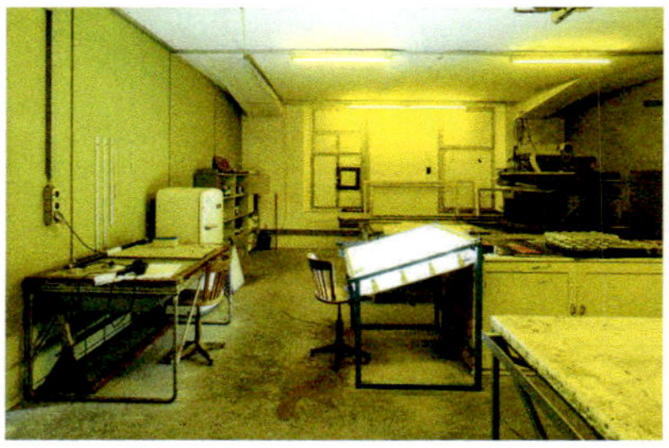

In diesem Gravurraum werden schadhafte Stellen an den Siebdruckschablonen ausgebessert.

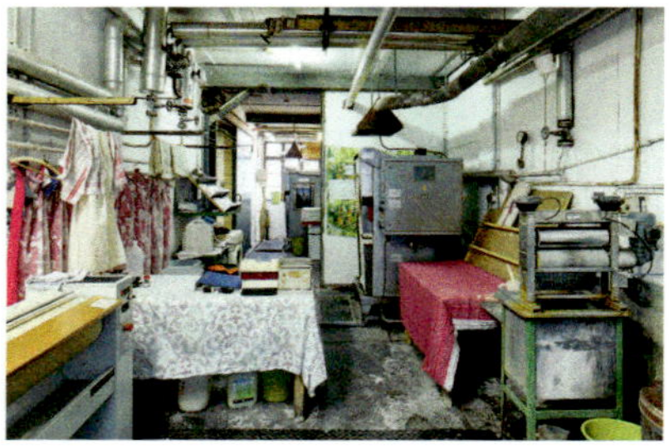

In der Musterdämpferei werden die in der Musterdruckerei erstellten Druckmuster gedämpft und gewaschen.

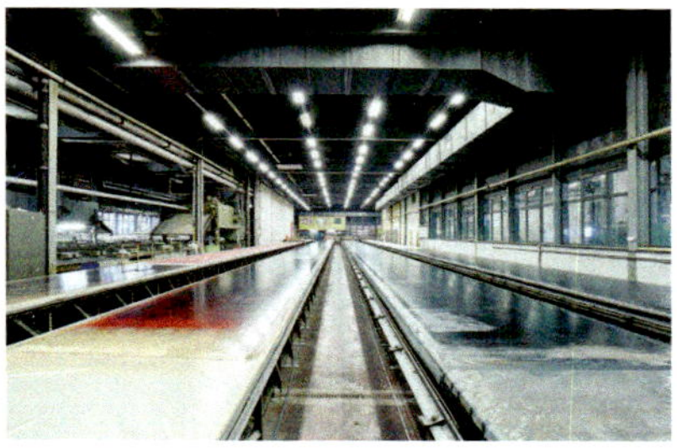

Der Blick in die Druckhalle zeigt die Drucktische für den Tischdruck.

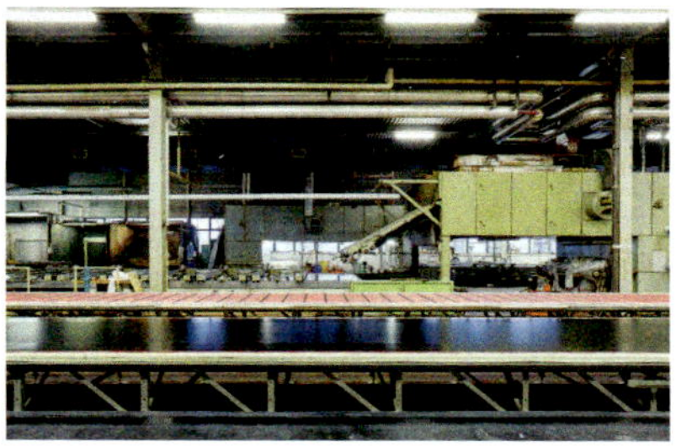

Auf dem beheizbaren Drucktisch werden Stoffe mit Siebdruckschablonen bedruckt.

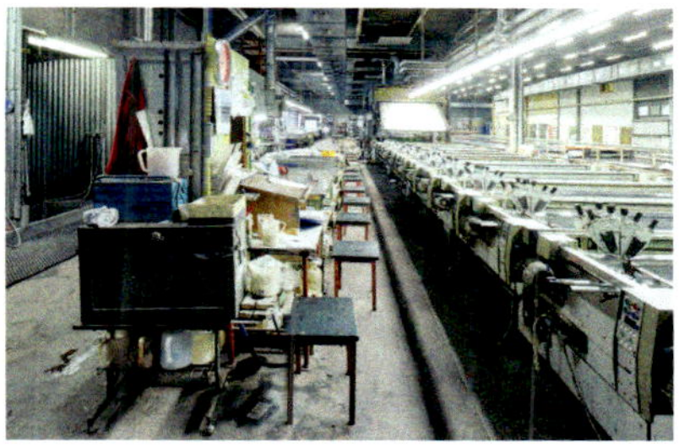

Automatische Flachfilmdruckmaschinen werden am Druckstandort Mitlödi seit 1959 eingesetzt.

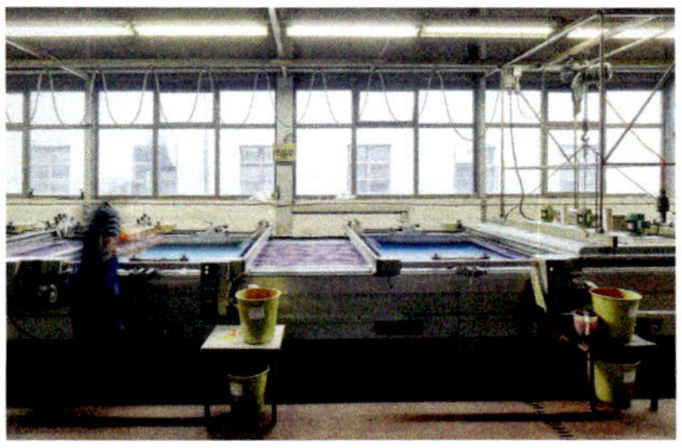

Auch beim automatisierten Flachfilmdruckverfahren wird das Fachwissen der Druckerinnen und Drucker für ein brillantes Druckergebnis benötigt.

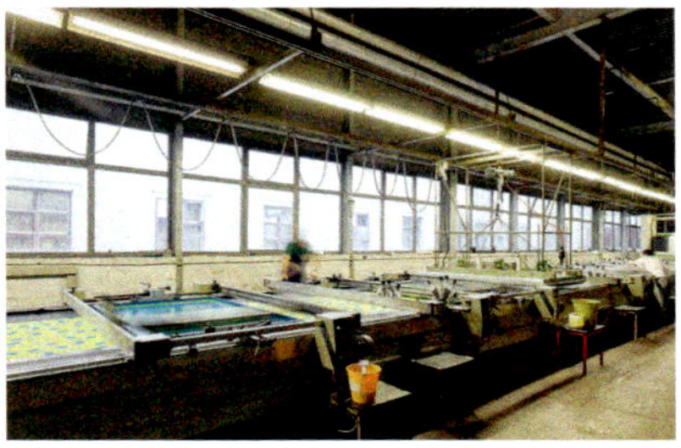

Ansicht der automatischen Flachfilmdruckmaschine mit bereitstehenden Farbeimern

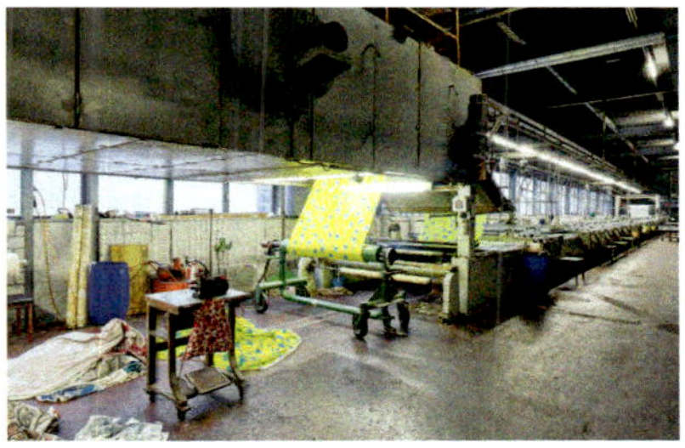

Nach dem Druck des Dessins auf die nasse Stoffbahn übernimmt ein grosser Trockner die bedruckte Bahn und fixiert so das Druckergebnis.

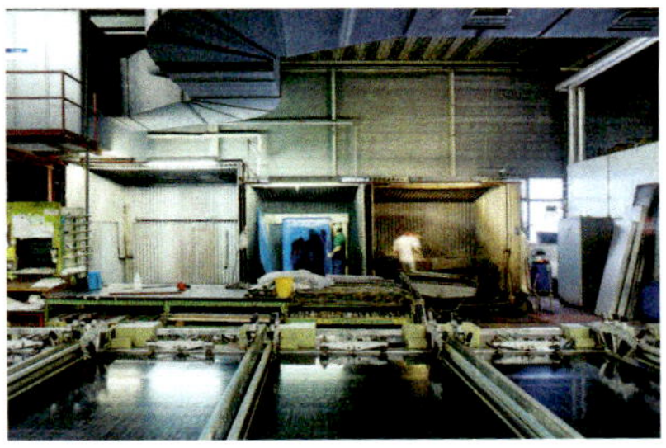

Vor jedem Farbwechsel werden die Siebdruckschablonen in dieser Waschanlage von Hand gereinigt.

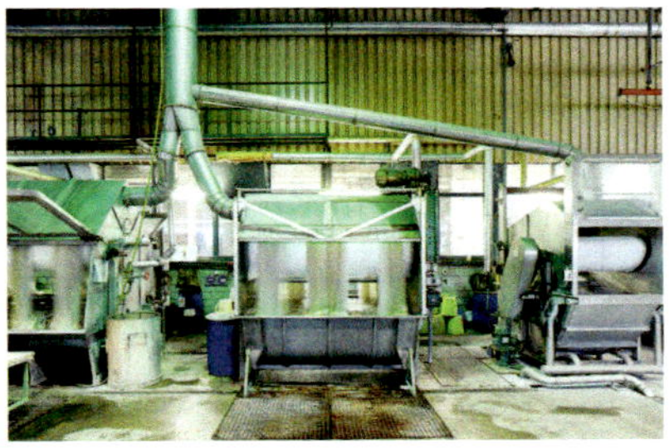

Die Haspelkufen-Waschmaschine wäscht schonend die bedruckten Stoffbahnen.

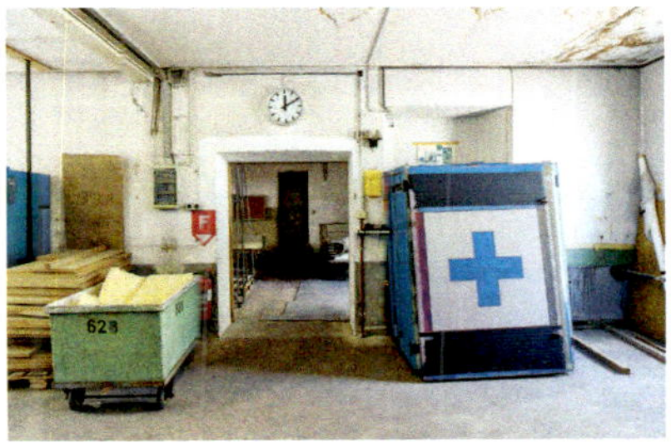

Im Lagerraum werden Siebdruckschablonen und Produktionsmaterialien deponiert.

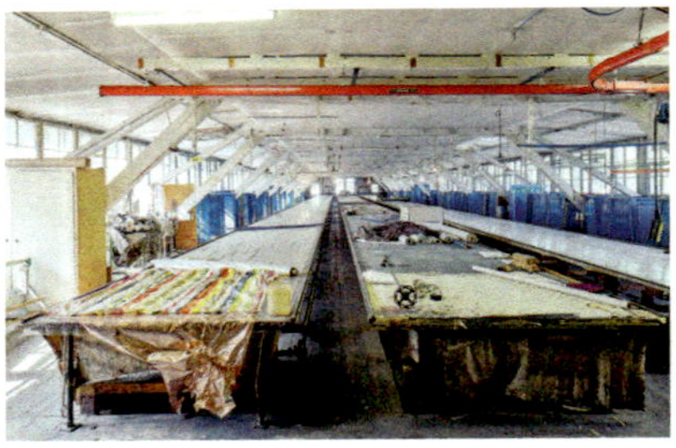

Die Streifendruckmaschine wurde von der Thalwiler Druckerei Textilveredlung AG entwickelt und ist seit dem Ende der 1960er Jahre in diesem Drucksaal beheimatet. Heute wird der Raum zusätzlich als Siebdruckschablonenlager genutzt.

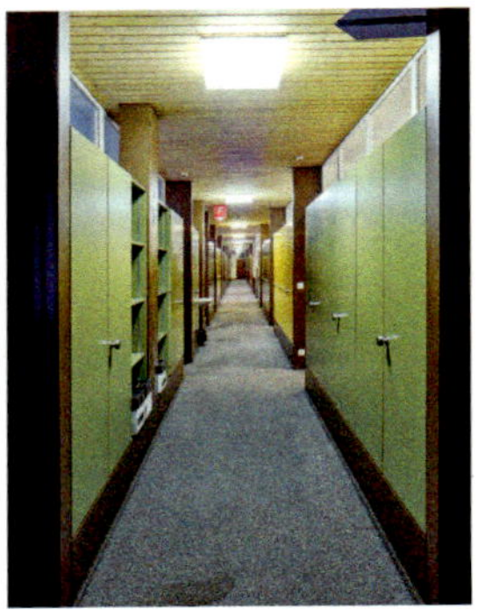

Zu Beginn der 1980er Jahre wurden im Druckereigebäude von 1856 zwei Produktionsetagen zu Büros und Sitzungszimmern umgebaut.

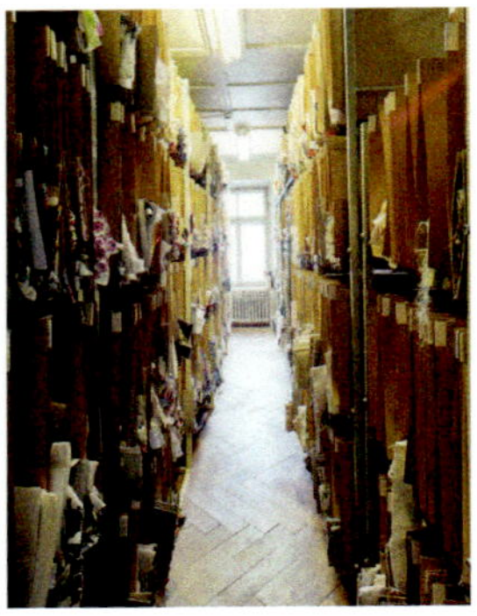

Das Produktionsarchiv der Textildruckerei bewahrt in langen Regalreihen mit Hängeregistraturen Produktionsunterlagen und Tausende Stoffmuster auf.

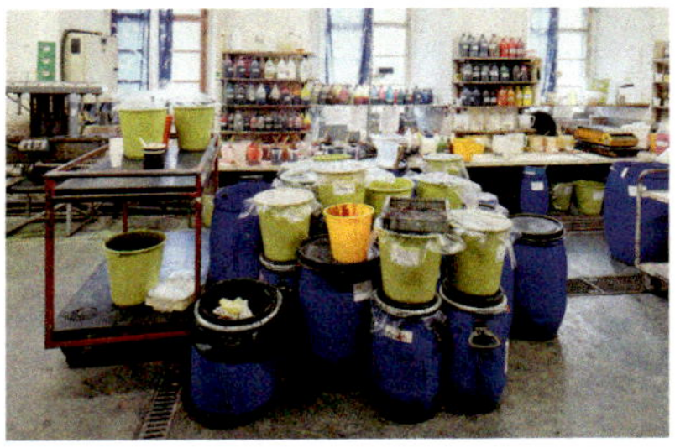

Der Blick in die Farbküche zeigt ein Sortiment an Textildruckfarben. Die mit Farbflächen bestückten Wandtablare werden von den Druckerinnen und Druckern augenzwinkernd «Farbbar» genannt.

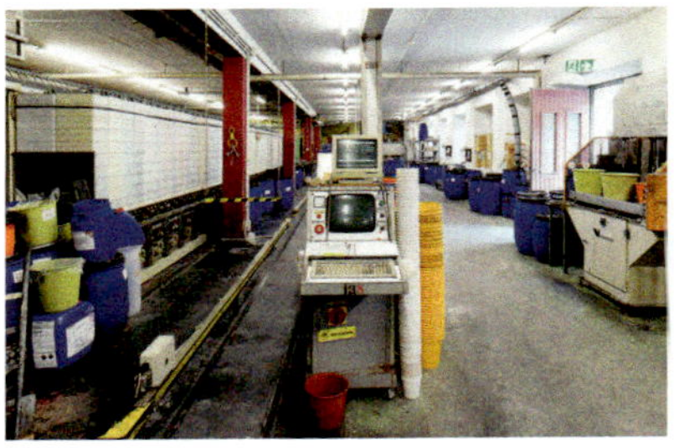

Seit den 1990er Jahren werden in der Farbküche die für den Druck benötigten Farben automatisch angemischt.

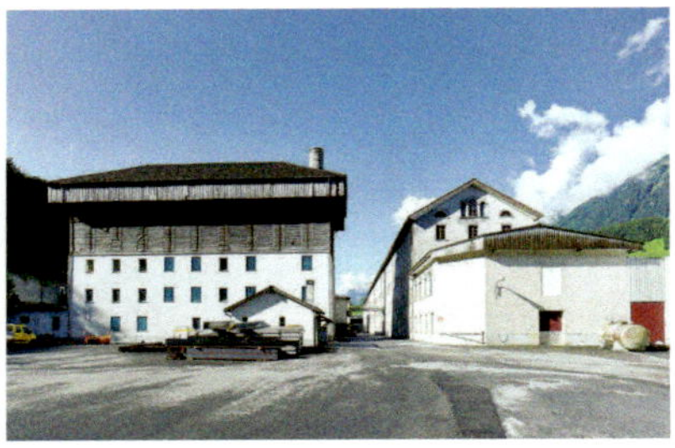

Dieser monumentale Turm, in der Glarner Mundart Hänggiturm genannt, diente im 19. und 20. Jahrhundert als Trockenturm und Produktionsstätte.

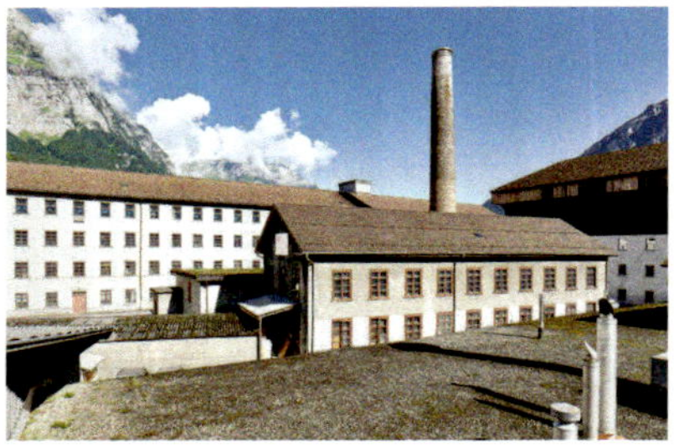

Die Ansicht des Druckereigeländes in Mitlödi-Ennetlinth zeigt das ehemalige Lager für Holzmodeldruckstöcke, den Hochkamin und das Druckereigebäude.

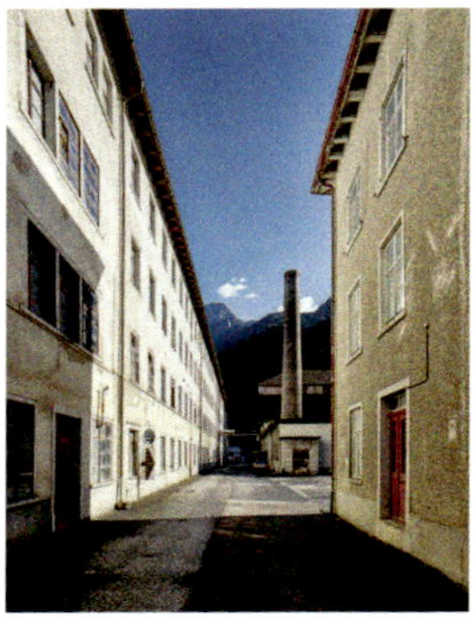

Blick auf die Fahrstrasse zwischen Druck- und Verwaltungsgebäude mit dem Heizhaus und dem Hochkamin im Hintergrund.

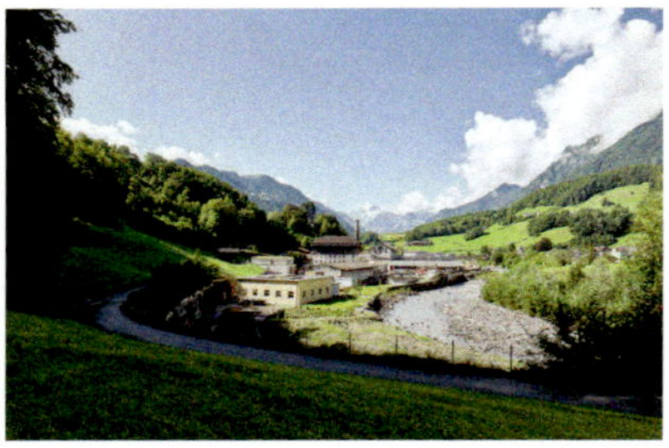

Der Blick ins Glarner Tal nach Süden zeigt die Ausläufer des Glärnischmassivs, den Tödi (3612 m ü. M.) und den Gandstock (2315 m ü. M.).

ANMERKUNGEN

1 Der Designer Erich Biehle äusserte in einem Gespräch mit der Autorin am 14. Januar 2022: «Wenn es etwas Schwieriges war und man nicht wusste, wie es herauskommt, dann gab man es nach Mitlödi. Sie waren die Einzigen, die beweglich waren in dieser Beziehung.»

2 In den Kollektionsbüchern des Zürcher Konverters Abraham AG wurden die von der Druckerei in Mitlödi veredelten Stoffe mit dem Kürzel «H.G.» versehen – eine Abkürzung, die für Abraham-Kundinnen und -Kunden nicht zu dekodieren war.

3 Urs Spuler (*1945) in einem Gespräch mit der Autorin am 17. Februar 2022.

4 Martin Widmer: *Sieben x Seide. Die Zürcher Seidenindustrie 1954–2003*, hg. von der Zürcherischen Seidenindustrie-Gesellschaft zum 150-jährigen Bestehen am 26. Februar 2004, Baden 2004, S. 115.

5 *Mittex: die Fachzeitschrift für textile Garn- und Flächenherstellung im deutschsprachigen Europa*, Bd. 99 (1992), H. 12, S. 26 f.

6 Die Seidendruckerei Mitlödi trägt seit 2020 den Namen Textildruckerei Mitlödi, Altra Management AG Textile.

7 Nach dem Rücktritt eines Eigentümers wurde Dr. Henry Schaeppi Miteigentümer der Druckerei, die ab dem 1. Januar 1892 unter dem Namen Trümpy, Schaeppi & Cie. agierte.

8 Erich Biehle in einem Gespräch mit der Autorin am 14. Januar 2022.

9 In der DDR wurden staatliche Betriebe als Volkseigene Betriebe (VEB) bezeichnet. Die Abkürzung VEB führten diese Betriebe im Namen.

10 Wie Anm. 8.

11 Ebd.

12 Simone Kaiser: «Designer-ABC. Ungaro, Emanuel», in: *Frankfurter Allgemeine* Zeitung, 11.10.2005, S. 24.

13 Ursula Harbrecht: «Haute Couture Paris, Printems/Eté 1988. Aux sources d'un mode de rêve», in: *Textiles Suisses* [Édition multilingues], 1988, H. 73, S. 46.

BILDNACHWEIS

Cover © Getty Images; Museum des Landes Glarus, Fotografische Sammlung
Rücktitel Leihgabe Altra Management AG Textile, Mitlödi

S. 9–16 Museum des Landes Glarus, Fotografische Sammlung

S. 18 (oben) Museum des Landes Glarus, Gemäldesammlung, Inv.-Nr.: 08536

S. 18 (unten) Landesarchiv Glarus, Fotosammlung, Inv.-Nr.: FOT 1.16.12-4

S. 19 Museum des Landes Glarus, Textildrucksammlung, Sammlung Adolf Jenny Trümpy, Bd. 6, Inv.-Nr.: MdLGl 06544

S. 20 Landesarchiv Glarus, Sammlung Atelier Schönwetter, PA-111-Sch 688_41439 Seidendruckerei Mitlödi

S. 21 Landesarchiv Glarus, Sammlung Atelier Schönwetter, PA-111-Sch 688_54126 Seidendruckerei Mitlödi

S. 22/23 Leihgabe: Altra Management AG Textile, Mitlödi

S. 24 Leihgabe: Altra Management AG Textile, Mitlödi

S. 25/26 Leihgabe: Altra Management AG Textile, Mitlödi

S. 28 (oben) © Fondazione Gian Paolo Barbieri. Leihgabe: Schweizerisches Nationalmuseum, Inv.-Nr.: LM-112.102.32

S. 28 (unten) Leihgabe: Altra Management AG Textile, Mitlödi

S. 29 Leihgabe: Altra Management AG Textile, Mitlödi

S. 30 (oben) © Fondazione Gian Paolo Barbieri, Leihgabe: Schweizerisches Nationalmuseum, Inv.-Nr.: LM-112 102.27

S. 30 (unten) Leihgabe: Altra Management AG Textile, Mitlödi

S. 31 Leihgabe: Altra Management AG Textile, Mitlödi

S. 33 (oben) © Fondazione Gian Paolo Barbieri. Leihgabe: ELLE. France, 2.6.1971

S. 33 (unten) Leihgabe: Altra Management AG Textile, Mitlödi

S. 37–64 Museum des Landes Glarus, Fotografische Sammlung

S. 66 Leihgabe: Altra Management AG Textile, Mitlödi

S. 67 Leihgabe: Altra Management AG Textile, Mitlödi

S. 68 Leihgabe: Altra Management AG Textile, Mitlödi

S. 69 Museum des Landes Glarus, Textildrucksammlung, Konvolut-Inv.-Nr.: 6575

S. 70 Museum des Landes Glarus, Textildrucksammlung, Konvolut-Inv.-Nr.: 6575

S. 71 Leihgabe: Altra Management AG Textile, Mitlödi

S. 72 Leihgabe: Altra Management AG Textile, Mitlödi

S. 73 Leihgabe: Altra Management AG Textile, Mitlödi

S. 74 Leihgabe: Altra Management AG Textile, Mitlödi

S. 75 Museum des Landes Glarus, Textildrucksammlung, Konvolut-Inv.-Nr.: 06575

S. 76 Keystone-SDA

S. 77 Leihgabe: Altra Management AG Textile, Mitlödi

S. 78 © Nachlass Y. Hiro Wakabayashi (Hiro)

S. 79 Leihgabe: Altra Management AG Textile, Mitlödi

S. 80 Catwalk Pictures

S. 81 Museum des Landes Glarus, Textildrucksammlung, Konvolut-Inv.-Nr.: 6575

S. 82 Leihgabe: Altra Management AG Textile, Mitlödi

S. 83 Unbekannt, Ausstellungsfoto, Centre Pompidou, 2022

S. 84 © Maria Kublin, Leihgabe Museum für Gestaltung, Zürich

S. 85 Leihgabe: Altra Management AG Textile, Mitlödi

S. 86 Keystone-SDA

S. 87 Leihgabe: Altra Management AG Textile, Mitlödi

S. 88 Museum des Landes Glarus, Textildrucksammlung, Konvolut-Inv.-Nr.: 6575

S. 89 Keystone-SDA

S. 90 Museum des Landes Glarus, Textildrucksammlung, Konvolut-Inv.-Nr.: 6575

S. 91 Leihgabe: Swiss Textile Collection, Sammlung Rosmarie Amacher

S. 92 Leihgabe: Sammlung Rosmarie Amacher, Zürich

S. 93 Catwalk Pictures

S. 94 Museum des Landes Glarus, Textildrucksammlung, Konvolut-Inv.-Nr.: 6575

S. 95 Catwalk Pictures

S. 96 Catwalk Pictures

S. 97 Leihgabe: Altra Management AG Textile, Mitlödi

S. 98 Museum des Landes Glarus, Textildrucksammlung, Konvolut-Inv.-Nr.: 6575

S. 99 Catwalk Pictures

S. 101–116 Museum des Landes Glarus, Fotografische Sammlung

GLOSSAR

Abmusterung → Vergleich des Druckprodukts mit der ursprünglichen Vorlage
Deux-Pièce → Zweiteiliges Ensemble aus einem Rock oder einer Hose und einer Jacke oder Tunika
Farbküche → Historische und bis heute gebräuchliche Raumbezeichnung für den Ort, an dem die Druckfarben angemischt werden
Konverter → Bezeichnung für Auftraggebende, die Webereien und Textildruckereien mit der Herstellung von Geweben und bedruckten Stoffen betrauten und sie anschliessend unter dem eigenen Firmennamen weiterverkauften
Musterdämpferei → In diesem Arbeitsraum werden die in der Musterdruckerei erstellten Druckmuster gedämpft und gewaschen.
Musterdruckerei → In der Musterdruckerei werden Stoffmuster hergestellt, mit deren Hilfe das Grundgewebe und das Kolorit von den Auftraggebenden beurteilt und ausgewählt werden können. Alle hier erhobenen Daten, wie Farbkonsistenz und Drucktechnik, bilden die Grundlage für den Fabrikdruck.
Rapport → Kleinste Einheit des Druckdessins. Durch die Wiederholung des Rapports beim Textildruck entsteht eine Musterung der Stoffbahn.
Rakeln → Arbeitsvorgang des Verteilens der Farbe mit dem Rakel-Werkzeug auf der Siebdruckschablone, abgeleitet aus dem Französischen: racler – «abschaben»
Spannrahmen → Rahmen zur Aufnahme der zu bedruckenden Kettfäden für den Chinédruck, bei dem das nur aus den Kettfäden bestehende Gewebe bedruckt wird. Nach dem Einweben der Schussfäden erscheint das aufgedruckte Muster leicht verschwommen.
Thermoplast → Klebstoff, der auf den Drucktisch aufgebracht wird, um zu verhindern, dass sich der Stoff beim Drucken verschiebt

DANK

Textile Objekte auf Papier sichtbar zu machen, ist keine leichte Aufgabe. Dass dies in der vorliegenden Publikation so eindrücklich gelungen ist, ist ganz das Verdienst der Zürcher Grafikerin Angela Reinhard von raumprodukt. Mit grossem Einfühlungsvermögen in Materialität und Ornamentik hat sie jeden einzelnen Stoff in Szene gesetzt.

Wertvolle Hinweise und Förderung erhielt dieses Publikationsvorhaben von Rosmarie Amacher, Erich Biehle, Hans Blesi, Dr. Andrea Franzen, Anna Jurt, Volker Kreidler, Urs Spuler, Christian Rüetschi, Jean-Claude Stricker, Martina Zentner sowie von allen Mitarbeitenden der Textildruckerei Altra Management Textile, Mitlödi.

Ein herzliches Dankeschön gilt dem Präsidenten der Stiftung für den Freulerpalast, Georg Müller Harder, sowie Katja Schatzmann und Roland Müller von der Sammlungsverwaltung des Museums des Landes Glarus.

Meinem Mann, Andreas Hirstein, danke ich für die grosse Unterstützung.

AUTORIN

Bettina Giersberg ist in Potsdam aufgewachsen und hat an der Humboldt-Universität zu Berlin und an der Université Aix-Marseille studiert. Die promovierte Historikerin forscht seit vielen Jahren zur Schweizer Textilgeschichte. Sie gehörte zum Gründungsteam des Museums Ackerhus in Ebnat-Kappel, leitete das Museum des Landes Glarus im Freulerpalast in Näfels und ist seit 2023 Kuratorin für Angewandte Kunst und Alltagskultur am Historischen Museum Basel. Bettina Giersberg lebt mit ihrer Familie in Basel und Servigney (F).

FOTOGRAF

Volker Kreidler stammt aus einer Fotografenfamilie, die 140 Jahre lang in Horb am Neckar ein Geschäft für Porträtfotografie führte. Nach seiner Fotografenlehre studiert Volker Kreidler von 1988 bis 1994 Fotografie und Filmdesign in Dortmund. Als freischaffender Künstler beschäftigt er sich seit vielen Jahren mit Transformationsprozessen von Landschaften und Orten in Osteuropa. In seinen Arbeiten als Architekturfotograf dokumentiert Volker Kreidler zudem seit den 1990er Jahren die Industriekultur im deutschsprachigen Raum.

IMPRESSUM

Herausgegeben vom Museum des Landes Glarus

Texte/Bildauswahl: Bettina Giersberg, Museum des Landes Glarus

Lektorat: Inka Humann, Berlin
Korrektorat: Sandra Leitte, Valley City

Gestaltung und Satz: Angela Reinhard, raumprodukt, Zürich

Objektfotografie: Volker Kreidler, Berlin (S. 19, 22–25, 29, 31, 68–70, 72, 73, 75, 77, 79, 81, 82, 85, 88, 90–92, 95, 99, Backcover); Widmer & Fluri, Zürich (S. 28, 30, 33, 66, 67, 74, 87, 98)

Bildbearbeitung: Marjeta Morinc, Basel

Druck | Bindung: Küng Druck, Näfels; Buchbinderei Grollimund, Reinach

Die fotografischen Aufnahmen von Volker Kreidler in der Textildruckerei Mitlödi entstanden durch die Förderung der Zürcherischen Seidenindustrie Gesellschaft.

Diese Publikation wurde unterstützt von der Gesellschaft der Freunde des Freulerpalastes, der Annemarie Schindler Stiftung, der Gemeinde Glarus Süd, Edwin Hauser / F. Blumer & Cie. AG, Niederurnen, der Gartenflügelstiftung und der Fritz+Caspar Jenny AG, Niederurnen.

Verlag Scheidegger & Spiess
Niederdorfstrasse 54
8001 Zürich
Schweiz
www.scheidegger-spiess.ch

Der Verlag Scheidegger & Spiess wird vom Bundesamt für Kultur mit einem Strukturbeitrag für die Jahre 2021–2024 unterstützt.

ISBN 978-3-03942-174-9